PRÁTICAS
DE PESQUISA
EM HISTÓRIA

COLEÇÃO HISTÓRIA NA UNIVERSIDADE

Coordenação Jaime Pinsky e Carla Bassanezi Pinsky

ESTADOS UNIDOS *Vitor Izecksohn*
GRÉCIA E ROMA *Pedro Paulo Funari*
HISTÓRIA ANTIGA *Norberto Luiz Guarinello*
HISTÓRIA CONTEMPORÂNEA *Luís Edmundo Moraes*
HISTÓRIA CONTEMPORÂNEA 2 *Marcos Napolitano*
HISTÓRIA DA ÁFRICA *José Rivair Macedo*
HISTÓRIA DA AMÉRICA LATINA *Maria Ligia Prado* e *Gabriela Pellegrino*
HISTÓRIA DA ÁSIA *Fernando Pureza*
HISTÓRIA DO BRASIL COLÔNIA *Laima Mesgravis*
HISTÓRIA DO BRASIL CONTEMPORÂNEO *Carlos Fico*
HISTÓRIA DO BRASIL IMPÉRIO *Miriam Dolhnikoff*
HISTÓRIA DO BRASIL REPÚBLICA *Marcos Napolitano*
HISTÓRIA MEDIEVAL *Marcelo Cândido da Silva*
HISTÓRIA MODERNA *Paulo Miceli*
PRÁTICAS DE PESQUISA EM HISTÓRIA *Tania Regina de Luca*

Conselho da Coleção

Marcos Napolitano
Maria Ligia Prado
Pedro Paulo Funari

Proibida a reprodução total ou parcial em qualquer mídia
sem a autorização escrita da editora.
Os infratores estão sujeitos às penas da lei.

A Editora não é responsável pelo conteúdo deste livro.
A Autora conhece os fatos narrados, pelos quais é responsável,
assim como se responsabiliza pelos juízos emitidos.

Consulte nosso catálogo completo e últimos lançamentos em **www.editoracontexto.com.br**.

Tania Regina de Luca

PRÁTICAS DE PESQUISA EM HISTÓRIA

Coleção
HISTÓRIA NA UNIVERSIDADE

Copyright © 2020 da Autora

Todos os direitos desta edição reservados à
Editora Contexto (Editora Pinsky Ltda.)

Ilustração de capa
Recorte do painel de Hoffbauer no salão de festas
da prefeitura da cidade de Arras, no norte da França

Montagem de capa e diagramação
Gustavo S. Vilas Boas

Coordenação de textos
Carla Bassanezi Pinsky

Preparação de textos
Lilian Aquino

Revisão
Ana Paula Luccisano

Dados Internacionais de Catalogação na Publicação (CIP)

Luca, Tania Regina de
Práticas de pesquisa em história / Tania Regina de Luca. –
1. ed., 3ª reimpressão. – São Paulo : Contexto, 2023.
144 p. (História na universidade)

Bibliografia
ISBN 978-65-5541-017-4

1. História 2. Pesquisa histórica – Metodologia 3. Historiadores
4. Historiografia I. Título

20-2180   CDD 907.2

Angélica Ilacqua CRB-8/7057

Índice para catálogo sistemático:
1. Pesquisa histórica

2023

EDITORA CONTEXTO
Diretor editorial: *Jaime Pinsky*

Rua Dr. José Elias, 520 – Alto da Lapa
05083-030 – São Paulo – SP
PABX: (11) 3832 5838
contato@editoracontexto.com.br
www.editoracontexto.com.br

Sumário

Introdução 7

Em busca do passado 13
    Responsabilidades do ofício 14
    Provisório e mutável 25

Documentos: da certeza à construção 33
    O documento na perspectiva do século XIX 36
    Documento como produto 38
    Um cardápio variado 46

Da área ao objeto de pesquisa 63
    Formular o problema 65
    Delimitar a bibliografia 74
    Lidar com os dados 77

Circunscrever as fontes 87
    Objeto, fontes, procedimentos: conexões 90
    Localizar fontes 98

O texto historiográfico 105
    Mecanismos de controle 107
    Palavras e conceitos 118

Unir os fios e construir o projeto 123
    Os dados iniciais 125
    Justificativas 127
    Objetivos 130
    Fontes e metodologia 131
    Cronograma, referências e notas 133

Para finalizar 135

Referências bibliográficas 137

Introdução

> *O passado é, por definição, um dado que nada mais modificará. Mas o conhecimento do passado é uma coisa em progresso, que incessantemente se transforma e aperfeiçoa.*[1]
>
> Marc Bloch

Sabemos todos que não se pode retroceder no tempo, seja por apenas alguns segundos, seja por milhares de anos. Assim, qualquer um pode compreender a primeira parte da afirmação do historiador francês Marc Bloch (1886-1944): não se pode mudar o passado. Mas se pode estudá-lo, como fazem os historiadores, para melhor conhecê-lo.

Ainda que bastante óbvia, a constatação é fundamental, pois coloca a produção do conhecimento histórico em situação análoga à de outras especialidades, a exemplo da Astronomia, da Geologia ou da Paleontologia, que tampouco podem reproduzir em laboratório os processos que estudam, dispondo apenas de seus efeitos e tendo que apoiar-se na retrospecção. É graças aos vestígios e aos indícios que chegaram até o presente que os pesquisadores podem propor explicações sobre o que se passou. Cada um desses campos científicos o faz a partir das especificidades de suas questões e de seus próprios métodos. O olhar treinado do geólogo lê o passado do planeta observando camadas de rochas, astrônomos postulam a origem do universo a partir da radiação cósmica, enquanto paleontólogos reconstroem animais extintos tendo por base alguns restos fossilizados. O historiador, por seu turno, trabalha por inferências com base em documentos que sobreviveram ao tempo.

Assim como a descoberta de partes de um esqueleto de dinossauro não possibilita deduzir, de forma automática, a aparência e as características do animal, tampouco uma fotografia, uma lei ou um processo criminal, tomados de forma isolada, permitem compreender por inteiro as sociedades que os produziram, mas é fato que tais elementos fornecem importantes pistas sobre essas mesmas sociedades.

A complexidade do trabalho do historiador apresenta similitude também com a atuação do detetive, a quem cabe deduzir, a partir do que encontra na cena de um crime, as motivações, o modo de agir e a identidade do criminoso, como lembrou Carlo Ginzburg (1939-), historiador italiano, citando Sherlock Holmes, famoso personagem do escritor Arthur Conan Doyle (1859-1930). Para explicar o trabalho do historiador, Ginzburg evocou ainda a figura do médico que procura por sintomas para descobrir a causa da doença do seu paciente, método que guiou, entre outros, o criador da psicanálise, Sigmund Freud (1856-1939). O historiador italiano citou finalmente a atuação do crítico de arte Giovanni Morelli (1816-1891), célebre por identificar quadros falsificados com base em detalhes imperceptíveis para a maioria dos observadores. Nas palavras de Ginzburg: "pistas infinitesimais permitem captar uma realidade mais profunda, de outra forma inatingível. Pistas: mais precisamente sintomas (no caso de Freud), indícios (no caso de Sherlock Holmes), signos pictóricos (no caso de Morelli)".[2]

A partir dessa ampla perspectiva, podemos entender o sentido da segunda parte da frase citada de Marc Bloch. Se o passado não pode ser modificado, a compreensão do que ocorreu, a interpretação e os sentidos que lhe são atribuídos não são fixos e imutáveis, pelo contrário, alteram-se significativamente ao longo das gerações. Longe de serem estáticas, **as interpretações** sobre o passado estão sempre abertas a outras possibilidades de compreensão, o que significa que a História pode estar sempre sendo reescrita. Assim, qualquer evento pretérito pode ser revisitado, originando uma nova investigação se novos documentos ou vestígios forem encontrados e se novas perguntas – a partir de novas preocupações do tempo presente – forem feitas às fontes históricas.

E quais os passos necessários para propor uma nova pesquisa em História? A estrutura de um projeto de pesquisa apresenta poucas variações e é, em larga medida, conhecida:

- Formula-se um problema;
- Discute-se como esse problema tem sido tratado pela bibliografia;
- Argumenta-se em favor da relevância do aspecto escolhido;
- Listam-se os objetivos;
- Identifica-se a documentação a ser utilizada;
- Apresenta-se a metodologia, ou seja, explica-se como as metas serão alcançadas;
- Elabora-se o cronograma de execução de cada etapa;
- E, por fim, arrolam-se as referências bibliográficas.

De fato, saber quais são as partes componentes de um projeto é importante, porém nem mesmo a descrição detalhada do conteúdo e da função de cada uma delas, explicadas em termos abstratos, tal como se lê frequentemente nos manuais de metodologia de pesquisa, é suficiente para a proposição de questões de cunho historiográfico. Então, por onde começar? Aprendendo a pensar como um historiador. Familiarizando-se com os caminhos da disciplina, ou seja, sabendo como o passado tem sido investigado e por quais meios. Isso antecede à formulação de perguntas capazes de dotar de relevância científica a proposição de um projeto em História. Assim, inicialmente, é essencial ter em conta as diversas formas de relacionamento dos historiadores com os acontecimentos pretéritos e seus vestígios, observando o que há de específico num projeto historiográfico.

Aqui neste livro, o leitor é convidado a percorrer um amplo panorama que tem por finalidade apresentar, de forma didática, procedimentos e métodos que distinguem a produção do conhecimento historiográfico e, desse modo, incentivá-lo a participar ativamente desse instigante desafio que é escrever História, elaborando e executando seu próprio projeto de pesquisa.

NOTAS

[1] Marc Bloch, *Apologia da história ou o ofício do historiador*, Rio de Janeiro, Zahar, 2001, p. 75. Primeira edição em francês em 1949.
[2] Carlo Ginzburg, "Sinais: raízes de um paradigma indiciário", em Carlo Ginzburg, *Mitos, emblemas e sinais: morfologia e história,* São Paulo, Companhia das Letras, 1989, p. 150. Primeira edição em italiano em 1986.

Em busca do passado

Um especialista em assuntos chineses, Levenson, dizia [...] que nos esquecemos de que um livro muda pelo fato de que não muda enquanto o mundo muda. É muito simples. Quando o livro permanece e o mundo em torno dele muda, o livro muda.[1]

Pierre Bourdieu

Os acontecimentos do passado interessam um amplo público, como revela o sucesso de romances, novelas, séries, filmes e videogames ambientados em outros tempos. Gladiadores, cavaleiros medievais, castelos, reis malvados e rainhas apaixonadas fornecem enredos para aventuras que seduzem espectadores de diferentes idades, assim como programas que prometem revelar segredos, esclarecer mistérios ou contar verdades zelosamente guardadas.

Tais produções esmeram-se em reconstituir cenários e figurinos de época e respeitar eventos e datas, a exemplo da glamorosa série *Downton Abbey*, que conta a saga da aristocrática família Crawley e de seus empregados na Inglaterra das primeiras décadas do século xx, ou do premiado *A lista de Schindler*, filme dirigido por Steven Spielberg (1946-) dedicado à trajetória do industrial alemão Oskar Schindler (1908-1974), que salvou mais de mil judeus empregando-os em suas fábricas durante a Segunda Guerra Mundial. Essas criações reconstroem eventos e propõem interpretações sobre o passado, mas será que podem ser equiparadas a pesquisas de cunho historiográfico? A resposta demanda que se compreenda como os historiadores se valem dos documentos, como formulam suas questões e como esses procedimentos alteraram-se no decorrer do tempo.

RESPONSABILIDADES DO OFÍCIO

A investigação histórica, ainda que possa elucidar segredos e mistérios, não se pauta por tal perspectiva da mesma maneira que os produtos destinados a entreter leitores ou espectadores curiosos. O estudo do passado, remoto ou recente, requer **método** e **instrumental teórico**, pois os acontecimentos não estão adormecidos, à espera de um estudioso abnegado que os traga de volta à luz, intactos e tal como se passaram. Aliás, cabe lembrar que, durante o século xix, momento em que a História tornou-se uma disciplina ensinada nas universidades e nas escolas, chegou-se a acreditar nessa possibilidade. Para tanto, a proposta era submeter os vestígios de outras épocas à rigorosa análise, com vistas a identificar falsificações, hierarquizar diferentes testemunhos e, sempre que possível, aproximar-se daqueles que haviam tido experiência direta dos fatos, as chamadas "fontes primárias", julgadas mais confiáveis do que as opiniões dos comentadores ou os depoimentos indiretos, classificados como "fontes secundárias". O esforço caminhava no sentido de afastar o fantasioso, o incerto, e de assegurar a confiabilidade dos dados, em consonância com a crença de que estes eram passíveis de serem estabelecidos de forma precisa.

Definiram-se, então, práticas para garantir não apenas uma identidade para a História, distanciada da produção ficcional e da retórica (a arte de bem argumentar), o que justificava a profissionalização dos seus praticantes, mas também a aproximava do ideal de cientificidade (que propunha um conhecimento que produzisse explicações confiáveis e leis gerais, liberto, portanto, do duvidoso, da especulação e do subjetivo). É preciso levar em conta que tal postura ganhou força num momento em que se multiplicavam os avanços e as inovações nos mais diversos campos do saber, com destaque para a Química, a Física e a Microbiologia, o que embalava o otimismo em relação ao domínio da natureza pelo homem e a confiança num futuro promissor, governado pela razão e marcado pelo progresso contínuo, para o qual a disciplina História também desejava contribuir, por meio da elucidação da trajetória de civilizações e sociedades.[2]

Embora a crença na possibilidade de recontar a história "tal como aconteceu" (revelando uma "verdade absoluta") não oriente mais os historiadores atuais, o **método** estabelecido há dois séculos continua a ser essencial para a investigação historiográfica, já que uma das responsabilidades do pesquisador ainda hoje é *assegurar-se da autenticidade do material que utiliza*, seja qual for a sua natureza: um objeto da cultura material, um texto, uma imagem.

Há o exemplo, bastante famoso, dos supostos diários de Adolf Hitler (1889-1945). Em abril de 1983, a revista alemã *Stern* anunciou a compra de 62 volumes manuscritos, que teriam sido encontrados na Saxônia, junto aos restos de um avião acidentado e que transportava objetos pessoais do ditador. Análise superficial atestou a veracidade do documento, que foi adquirido por cerca de quatro milhões de dólares. A notícia despertou enorme curiosidade, mas também contou, desde o início, com o ceticismo de vários especialistas. Num segundo momento, estudos cuidadosos da tinta, da cola e do papel utilizados revelaram que estes somente se tornaram disponíveis após o término da Segunda Guerra. Por sua vez, estudos grafológicos provaram que não se tratava da letra de Hitler, enquanto a leitura minuciosa do conteúdo identificou inexatidões e a reprodução de largos trechos dos discursos do ditador. Em suma: tratava-se de uma falsificação, levada a cabo pelo ilustrador alemão Konrad Paul Kujau (1938-2000), que acabaria condenado a quatro anos de reclusão por ter forjado o material. Desde 2013, os falsos diários encontram-se depositados no Arquivo Federal da Alemanha e estão disponíveis para consulta pública.

Por que preservar um documento comprovadamente falso? Porque, mesmo que os falsos diários não contribuam para a compreensão do regime liderado por Hitler, o fato de terem sido produzidos, encontrado compradores e interessado especialistas ao redor do mundo atesta o quanto os acontecimentos das décadas de 1930 e 1940 continuam a interessar na contemporaneidade. Assim, identificado o ardil, não se deve concluir que os diários tornaram-se destituídos de interesse para o historiador, que pode decidir tomá-los como fonte para compreender as motivações do falsificador (que escolheu falsificar esse e não outro documento), os interesses envolvidos na compra do material, as expectativas de lucro dos editores, o impacto que a notícia da descoberta causou, a reação frente ao desmentido e mais uma miríade de questões que remetem às formas como o passado do tempo da Segunda Guerra Mundial era evocado e compreendido na década de 1980.

A tecnologia fornece elementos para ajudar a identificar imposturas – além de historiadores, arquivos, bibliotecas, museus e outras instituições de guarda contemporâneas que se esmeram em certificar-se da procedência do que preservam nos seus acervos. Para a História, contudo, não se trata apenas de distinguir ente o falso e o verdadeiro, tal como no rumoroso exemplo dos diários, é preciso identificar a **procedência**, a **datação** e a **autoria**. Documentos, de natureza pessoal ou pública, podem não trazer local, data e autoria, mas o pesquisador possui instrumentos para determiná-los pelo menos em parte, aliando o seu conhecimento do período e da produção especializada à análise do conteúdo (ou seja, os temas tratados, os termos utilizados, o estilo, as referências diretas e indiretas que o texto faz). Vale acompanhar as observações de Marc Bloch, especialista no período medieval francês, a respeito de sua própria experiência no trato com documentos:

Tenho, sob meus olhos, um lote de documentos medievais. Alguns estão datados. Outros, não. Ali onde figura a indicação, será preciso verificá-la: pois a experiência prova que pode ser mentirosa. Está faltando? É importante restabelecê-la. Os mesmos meios irão servir para os dois casos. Pela escrita (caso se trate de um original), pelo estado da latinidade,[3] pelas instituições às quais faz alusão e o aspecto geral do dispositivo, suponhamos que determinado ato corresponde aos costumes facilmente reconhecíveis dos notários franceses, por volta do ano mil. Caso se apresentem como da época merovíngia [496-751], eis a fraude denunciada. Está sem data? Ei-la aproximativamente fixada. Do mesmo modo, o arqueólogo, que, ao se propor classificar por períodos e por civilizações artefatos pré-históricos ou rastrear falsas antiguidades, examina, aproxima, distingue as formas ou os procedimentos de fabricação, segundo regras, das duas partes, essencialmente similares.[4]

Certificada a procedência, estabelecida a datação e a autoria, graças às regras de erudição e crítica provenientes do século XIX que ainda são válidas, outros desafios se colocam. O que fazer com esses documentos? Como abordá-los? A resposta está longe de ser simples, mas um bom começo é ter em conta a chamada regra de ouro: não projetar sobre o passado visões, concepções, valores e expectativas do pesquisador. Ou seja, *evitar o anacronismo*. A esse respeito, Lucien Febvre (1878-1956), que ao lado de Marc Bloch foi um dos renovadores da prática historiográfica e fundador, em 1929, da revista *Annales*, até hoje uma das mais importantes da área, alertou para a necessidade de se evitar "o pecado dos pecados – o pecado entre todos imperdoável: o anacronismo".[5]

EM BUSCA DO PASSADO 19

Em 1929, Lucien Febvre (acima) e Marc Bloch eram professores na Universidade de Estrasburgo.

O primeiro, especialista em História Moderna, ingressou no Collège de France em 1932, o segundo, medievalista, na Sorbonne em 1936.

O aviso, contudo, não significa que o historiador seja capaz de abrir mão do contexto no qual está inserido, de sua cultura, valores e formação para se manter distante e não interagir com o objeto estudado. Nesse sentido, afirmações como as de certos historiadores e críticos franceses do Oitocentos soam bastante exageradas e reducionistas, a exemplo das feitas por Hippolyte Taine (1828-1893), que prescreveu um caminho marcado pela neutralidade absoluta: "Permitir-se-á a um historiador agir como naturalista: eu estava frente a meu assunto como frente à metamorfose de um inseto",[6] ou de Fustel de Coulanges (1830-1889), que sentenciou:

> Muitos acreditam, no entanto, que é útil e bom para o historiador ter preferências, "ideias chave", concepções superiores. Dizem que isso empresta à sua obra mais vida e mais charme, é o sal que corrige a insipidez dos fatos. Pensar assim é enganar-se bastante sobre a natureza da História. Ela não é uma arte, ela é uma ciência pura. Ela não consiste em recontar com aprovação ou em dissertar com profundidade. Ela consiste, como toda ciência, em constatar fatos, em analisar, aproximar, estabelecer relações. É possível que uma certa filosofia emane desta história científica, mas é preciso que ela o faça naturalmente, dela mesma, quase a despeito da vontade do historiador. Este não tem outra ambição que ver bem os fatos e de os compreender com exatidão. Não é na sua imaginação ou na sua lógica que ele os procura; ele os procura e os alcança pela observação minuciosa dos textos, como o químico encontra os seus nas experiências minuciosamente conduzidas. Sua única habilidade consiste em tirar dos documentos tudo o que eles contêm e

em nada lhes acrescentar. O melhor historiador é aquele que se atém, da forma mais precisa, aos textos, que os interpreta com maior justeza, que não escreve e não pensa senão a partir deles.[7]

Não se imagine que essa fosse uma posição isolada. Ao lançarem a *Revue Historique* (*Revista Histórica*) em 1876, Gabriel Monod (1844-1912) e Gustave Fagniez (1842-1927) pediram aos futuros colaboradores, entre os quais estava Fustel de Coulanges, para "evitar as controvérsias contemporâneas, tratar os temas de que se ocupam com o rigor do método e ausência de posições preconcebidas, em consonância com as exigências da ciência". Monod e Fagniez, a despeito de assegurarem a liberdade aos autores, que assumiam a responsabilidade pelas suas afirmações, exigiam "processos de exposição estritamente científicos, no qual cada afirmação é acompanhada de provas, de indicação de fontes e de citações, excluindo-se completamente generalidades vagas e recursos oratórios".[8]

Nem neutralidade absoluta, como as prescritas no século XIX, *nem subjetividade radical*, que impeça o historiador de ir além do seu próprio ponto de vista – eis o difícil equilíbrio a ser mantido em relação ao tema pesquisado, seja ele próximo, seja ele muito distante no tempo. Esse ponto é fundamental, pois *se o passado é reconstruído (e não revivido ou resgatado), compreende-se que os resultados dependem das perguntas que lhe forem dirigidas e que estas, por sua vez, relacionam-se com o momento vivido pelo historiador, os interesses de sua época e também com o instrumental analítico que ele tem a sua disposição.*

Assim, a mera sucessão de eventos, ainda que anotados de forma criteriosa, como nas crônicas medievais, não atende hoje aos **requisitos do discurso historiográfico**, produto da **pesquisa**, mas também de **hipóteses** e **interpretações** daquele que se impõe o desafio de **compreender** o que aconteceu. E cabe sublinhar o termo *compreender*, pois não se trata de absolver ou condenar, mas de *explicar por que* uma prática, uma crença, uma atitude, um pensamento eram aceitos (ou não) num dado momento histórico, ainda que sempre se tenha opinião a respeito deles.

O entendimento do que é fazer uma pesquisa histórica e escrever História mudou. É instrutivo contrapor as recomendações de Fustel de Coulanges, expressas no último quartel do século XIX, às de Marc Bloch, datadas de meados do século XX. O primeiro sentenciou: "Atrevo-me a aconselhar aos jovens [...] estudo minucioso das palavras e das coisas, ao paciente acúmulo de detalhes, e àquilo que em outros tempos se chamava a enumeração correta dos fatos",[9] ou seja, recolher dados, isolá-los, descrevê-los e nada lhes acrescer, numa perspectiva que entendia o historiador como um indivíduo que analisa um objeto e permanece ao abrigo da subjetividade. Já para Bloch: "Não há pior conselho a dar a um iniciante do que esperar, numa atitude de aparente submissão, a inspiração do documento",[10] ou seja, o autor demandava do pesquisador uma postura ativa, pois a ele cabe a iniciativa de **inquirir o documento**, preceito que se mantém válido na prática historiográfica contemporânea.

E como a natureza das perguntas e das leituras dos vestígios difere em função das circunstâncias nas quais se insere o pesquisador, nunca é irrelevante levar em conta o momento em que ocorreu a produção de um trabalho de História.

Hoje, boa parte dos historiadores estuda outros tempos e outros mundos, habitados por indivíduos que se portavam segundo regras, valores e crenças distintas das que compõem sua própria vivência, tentando controlar ao máximo elementos provenientes do seu contexto sociocultural, uma vez que não é possível dele apartar-se por completo. Nessa perspectiva, ao debruçar-se sobre o passado, o pesquisador assume o dever ético de se abrir para a diversidade, a diferença e a especificidade desses universos e de seus habitantes, cuja lógica e modo de funcionamento pretende desvendar. Pode-se aproximar o seu desafio não somente daquele enfrentado pelo detetive, mas, como sugeriu o historiador norte-americano Robert Darnton (1939-), também ao do etnólogo, que adentra em território habitado por um povo cuja língua, costumes, sistema de parentesco, hábitos e modo de vida cabe-lhe desvendar. A opacidade, ou seja, a incompreensão de algo tido como relevante, no passado (historiador) ou em outra sociedade (etnólogo), pode ser uma entrada para compreender significados de realidades simbólicas e universos culturais diversos daquele no qual o investigador está inserido.[11]

O historiador britânico Edward Hallet Carr (1892-1982) bem assinalou que a História "se constitui de um processo contínuo de interação entre o historiador e seus fatos, um diálogo interminável entre o presente e o passado".[12] Isso significa que as questões que os historiadores se colocam relacionam-se com o mundo em que vivem. Assim, por exemplo, refletir sobre o papel das mulheres na história não pareceu tão relevante aos

24 PRÁTICAS DE PESQUISA EM HISTÓRIA

Reconhecido por suas reflexões sobre a *escrita da História*, Edward Carr também se dedicou ao estudo das *relações internacionais*, com destaque para a União Soviética e o período entre as duas guerras mundiais.

historiadores até que elas tomassem o espaço público e questionassem a ordem estabelecida. Não por acaso, data dos anos 1960 o interesse pelo tema, quando os movimentos feministas entraram em cena, o mercado de trabalho conheceu mudanças importantes e as experiências das mulheres encontraram espaço para expressar-se.[13]

PROVISÓRIO E MUTÁVEL

A despeito da noção que prevalece no senso comum, pelo menos em parte alimentada pela produção destinada ao grande público, que apresenta uma dada versão de eventos e épocas como a única possível, a interpretação do passado está sempre em mutação. Um exemplo relativo ao conteúdo dos livros didáticos ajuda a esclarecer esse ponto. O historiador e educador canadense Christian Laville (1942-2019) comparou as propostas e os debates, em diferentes países e regimes (EUA, Japão, China, Canadá, Europa Ocidental, Brasil), relativos ao conteúdo da disciplina História ministrado para crianças e jovens nas escolas. A título de exemplo, veja-se o caso da Ucrânia, que deixou de integrar a União das Repúblicas Socialistas Soviéticas em 1991, quando da desintegração do bloco comunista. As mudanças foram significativas: o país tornou-se independente, passou a adotar um regime democrático e a economia foi adequada às regras ditadas pelo mercado. Novas condições no presente obrigaram a releituras do passado e a novas interpretações de conceitos históricos como "capitalismo" e "nação", por exemplo. Assim, o autor destaca que os livros didáticos ucranianos acabaram mudando seu conteúdo e seu discurso. Se, até então, o capitalismo, que era definido para os estudantes como *"um sistema de exploração moribundo*, tornou-se *um futuro brilhante*; a nação, antigamente *destinada a desaparecer no processo de reunião da comunidade soviética*, tornou-se *a base fundamental da vida humana e da história"*. Com boa dose de ironia, Laville citou uma máxima atribuída aos russos: "o passado é imprevisível". No sentido oposto ao senso comum, que considera o passado algo encerrado, Laville demonstrou o quanto a leitura do passado é ditada pela conjuntura de um dado momento.[14]

A leitura do passado pressupõe a atitude inquiridora dos pesquisadores, que produzem representações não literais acerca do que se passou. O historiador norte-americano John Lewis Gaddis (1941-) sugeriu que se tentasse imaginar como, em alguns séculos, nossa própria época será lembrada. A questão, mais do que um simples exercício de adivinhação, tem o mérito de salientar que cabe aos que nos sucederão (e não a nós) decidir o que de nossa época é ou não um **fato histórico**. Nas suas palavras:

> Tudo o que se pode afirmar, com certeza, é que nós seremos apenas parcialmente lembrados pelo que consideramos significativo acerca de nós mesmos, ou pelo que escolhemos deixar para trás nos documentos e nos artefatos que sobreviverão a nós. Futuros historiadores terão que escolher o que fazer deles: serão eles que imporão sentidos, tal como nós, ao estudar o passado, o fazemos e não aqueles que o viveram.[15]

O conhecimento histórico é dinâmico e cada geração relê, reinterpreta e reescreve o passado, que é marcado pela transitoriedade ou, para usar um termo mais preciso, pela **historicidade**. Podem-se citar, por exemplo, algumas ideias sobre o Brasil abraçadas por historiadores do início do século XX: a índole pacífica e ordeira do brasileiro, sua tolerância e aversão aos conflitos, do que resultaria uma convivência social harmoniosa, uma escravidão mais branda do que em outros lugares, processos de Independência e de Proclamação da República realizados sem grandes traumas, participação brasileira em conflitos externos levada a efeito somente para autodefesa.

Essa leitura cor-de-rosa teve sua expressão mais acabada no famoso livro *Porque me ufano do meu país*, escrito em 1900 pelo jornalista, professor, escritor e historiador conde Afonso Celso (1860-1938) e publicado no ano seguinte, no contexto das comemorações do 4º Centenário da chegada dos portugueses em terras americanas. A importância do exemplo reside no fato de o livro ter sido leitura obrigatória por décadas nas escolas brasileiras, além de ter sido traduzido para o inglês, o francês, o alemão e o italiano.[16] Em 42 curtos capítulos, o autor elencava as razões para se orgulhar do Brasil. Veja-se, como ilustração, a descrição a respeito dos bandeirantes, cuja atuação é vista sob perspectiva favorável, sem que se coloquem questões acerca das consequências de suas ações para os povos indígenas:

> Há poesia e grandezas imensas, indomável energia, tenacidade incomparável, nesses bandos de aventureiros, que, sem itinerário, sem bússola, sem abrigo, guiando-se pelo curso dos rios, pelas altas montanhas, ou à lei do

> acaso, alimentando-se dos produtos da caça e da pesca, dormindo ao relento, navegando em jangadas, transpondo cachoeiras, apuís, abismos, florestas ínvias, sítios quase inacessíveis, arrostando feras, répteis, selvagens antropófagos, astutos e vingativos, debelando perigos mil vezes mais formidáveis que os dos oceanos desconhecidos, através de febres, naufrágios, desastres, ferimentos, guerras, sacrifícios constantes, lá se iam à conquistar do remoto sertão misterioso! [...]. Atravessaram o continente, chegaram aos Andes, ao norte do Paraguai, às cordilheiras do Peru, quebrando extraordinárias resistências, reduzindo os indígenas à escravidão, expulsando os espanhóis do território português, sustentando longas e sanguinolentas campanhas, descobrindo o ouro e os diamantes.[17]

Mais tarde, interpretações como essa foram contestadas à luz de novas pesquisas históricas. Não se tratou de negar que os bandeirantes foram fundamentais para o alargamento do território, que ultrapassaram os limites do Tratado de Tordesilhas, que enfrentaram perigos e que revelaram as riquezas das Minas, mas de abandonar a leitura que os toma como unicamente heróis. As análises têm procurado, já há algumas décadas, reinterpretar a história de São Paulo no século XVII, tal como o fez John Manuel Monteiro (1956-2013) em *Negros da terra*, obra que buscou, nas palavras do autor, "redimensionar todo o contexto histórico do fenômeno bandeirante". Sua ambição foi discutir "o papel do índio na história social e econômica da colônia; o pujante mito bandeirante; e a importância das economias não exportadoras para a formação do país".[18]

A própria História da escrita da história – a historiografia – transformou-se em objeto de investigação dos historiadores, isso porque a maneira como diferentes estudiosos se posicionaram em relação aos acontecimentos pretéritos informa não apenas sobre os caminhos da disciplina, seu instrumental e método, mas também acerca da sociedade na qual a obra foi produzida. Assim, se não restam dúvidas de que a Lei Áurea foi assinada pela princesa Isabel no dia 13 de maio de 1888, o processo que levou a esse resultado permanece aberto a interpretações, com a princesa perdendo protagonismo no que diz respeito à organização e à ação dos escravos na historiografia mais recente, o que aponta para significativas mudanças de perspectivas.

O passar do tempo impõe alterações, e é justamente esse o ponto destacado pelo sociólogo francês Pierre Bourdieu (1930-2002) na epígrafe que abre este capítulo e que faz lembrar um jogo de palavras pouco compreensível, mas que, em realidade, expressa a noção de historicidade. É fato que, uma vez publicado, um livro permanece imutável, preservado na prateleira de alguma biblioteca, enquanto o mundo ao seu redor altera-se. E, paradoxalmente, a imutabilidade da obra é justamente o que a transforma, pois quem a toma nas mãos terá outro entendimento de seu conteúdo, apreendido à luz de experiências e vivências muito diversas daquelas do seu autor. Assim, ao longo do tempo, diferentes leitores lhe atribuirão outros sentidos e significados.

O exemplo pode ser estendido ao passado: não se pode alterá-lo, mas sua retomada é sempre feita a partir de outros ângulos, ou seja, ele muda porque são outras as demandas, os olhares e os questionamentos que lhe são dirigidos a partir de um dado presente, marcado pelos seus próprios dilemas. Nesse sentido, a História não é "mestra da vida", como queriam os historiadores do século XIX, pelo simples fato de cada geração inserir-se e ter à sua frente horizontes diversos. Tampouco ela "revela verdades para sempre estabelecidas", pois, tanto quanto o presente, o passado também comporta múltiplas possibilidades, razão pela qual o discurso historiográfico é marcado pela mutabilidade, ou melhor, pela historicidade. E talvez esse seja o aspecto mais fascinante da pesquisa histórica, que sempre convida os seus praticante a tomar em conta as interpretações produzidas por aqueles que os antecederam no tempo.

NOTAS

[1] Pierre Bourdieu, "A leitura: uma prática cultural. Debate entre Pierre Bourdieu e Roger Chartier", em Roger Chartier (ed.), *Práticas da leitura*, 2. ed., São Paulo, Estação Liberdade, 2001, p. 250. Primeira edição em francês em 1985.

[2] Para análise detalhada dos esforços de construção de uma História científica e conhecer os argumentos de diferentes autores que trilharam esse caminho, a partir de excerto de suas obras, consultar: Estevão de Rezende Martins (org.), *A História pensada: teoria e método na historiografia europeia do século XIX*, São Paulo, Contexto, 2015.

[3] O autor refere-se ao latim, cujas diferenças permitem estimar a data de escritura de documentos.

[4] Marc Bloch, *Apologia da história ou o ofício do historiador*, Rio de Janeiro, Zahar, 2001, p. 95.

[5] Lucien Febvre, *O problema da incredulidade no século XVI: a religião de Rabelais*, São Paulo, Companhia das Letras, 2009, p. 33. Primeira edição em francês em 1942.

[6] Apud Philippe Tétart, *Pequena história dos historiadores*, Bauru, Edusc, 2000, p. 93. Primeira edição em francês em 1988.

[7] Fustel Coulanges, *Histoire des institutions politiques de l'ancienne France: la monarchie franque*, Paris, Librairie Hachette, 1888, pp. 32-3, disponível em: <https://gallica.bnf.fr/ark:/12148/bpt6k6103132p.texteImage>, acesso em: abr. 2020. Citações em línguas estrangeiras foram traduzidas, de forma livre, pela autora.

[8] Gabriel Monod e Gustave Fagniez, "Avant-propos", *Revue Historique*, t. 1, n. 1, p. 2, jan. 1876, disponível em: <https://gallica.bnf.fr/ark:/12148/bpt6k180917?rk=64378;0>, acesso em: abr. 2020.

[9] Apud François Hartog, *O século XIX e a história: o caso Fustel de Coulanges*, Rio de Janeiro, Editora da UFRJ, 2003, p. 95. Primeira edição em francês em 1998.

[10] Marc Bloch, op. cit., p. 79.

[11] Robert Darnton, *O grande massacre de gatos e outros episódios da história cultural francesa*, Rio de Janeiro, Graal, 1986, p. 106. Primeira edição em inglês em 1984.

[12] Edward Hallet Carr, *Que é história?*, 3. ed., Rio de Janeiro, Paz e Terra, 1982, p. 29. Primeira edição em inglês em 1961.

[13] Para análises detalhadas sobre a questão, consultar: Carla Bassanezi Pinsky e Joana Maria Pedro (orgs.), *Nova história das mulheres*, São Paulo, Contexto, 2012.

[14] Christian Laville, "A guerra das narrativas: debates e ilusões em torno do ensino de História", em *Revista Brasileira de História*, v. 19, n. 38, pp. 125-38, 1999, grifos no original, disponível em: <http://www.scielo.br/scielo.php?script=sci_arttext&pid=S0102-01881999000200006>, acesso em: dez. 2019.

[15] John Lewis Gaddis, *The Landscape of History: How Historians Map the Past*, New York, Oxford University Press, 2002, pp. 23-4.

[16] Para um estudo detalhado da obra, consultar: Maria Helena Câmara Bastos, "Amada pátria idolatrada: um estudo da obra *Porque me ufano do meu país*, de Afonso Celso (1900)", em *Educar em Revista*, n. 20, pp. 245-60, 2002, disponível em: <https://revistas.ufpr.br/educar/article/view/2109>, acesso em: abr. 2020.

[17] Afonso Celso, *Porque me ufano do meu país*, capítulo XXIII, disponível em: <http://www.ebooksbrasil.org/eLibris/ufano.html#32>, acesso em: abr. 2020. Primeira edição em 1901.

[18] John Manuel Monteiro, *Negros da terra: índios e bandeirantes nas origens de São Paulo*, São Paulo, Companhia das Letras, 1994, pp. 8-9.

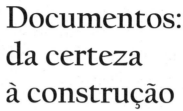

Documentos: da certeza à construção

O documento não é inócuo. É antes de mais nada o resultado de uma montagem, consciente ou inconsciente, da história, da época, da sociedade que o produziram, mas também das épocas sucessivas durante as quais continuou a viver, talvez esquecido, durante as quais continuou a ser manipulado, ainda que pelo silêncio [...]. O documento é monumento. Resulta do esforço das sociedades históricas para impor ao futuro – voluntária ou involuntariamente – determinada imagem de si própria. No limite, não existe um documento-verdade. Todo documento é mentira. Cabe ao historiador não fazer o papel de ingênuo.[1]

Jacques Le Goff

O otimismo em torno da "História ciência" assentava-se na concepção de documento como portador de verdade, passível de ser extraída pela análise minuciosa dele, postura muito diversa da expressa pelo historiador francês Jacques Le Goff (1924-2014) no trecho citado na epígrafe. Não é difícil concluir que o entendimento acerca do que são as **fontes** do historiador articula-se às concepções sobre os objetivos e a natureza da pesquisa em História e, portanto, à própria identidade da disciplina.

DOCUMENTOS 35

Autor de obras acadêmicas que iluminaram o entendimento da Idade Média, Jacques Le Goff sempre se preocupou em dialogar com um público amplo. Dos anos 1960 até sua morte, esteve à frente do programa de rádio *Les Lundis de l'Histoire* (As segundas da História), transmitido pela Radio France.

Cabe esclarecer que os termos "documento" e "fonte" não são propriamente sinônimos, pois o primeiro recobre todo e qualquer elemento proveniente do passado, longínquo ou muito próximo, seja qual for sua natureza e suporte, enquanto o segundo é reservado para o conjunto selecionado e utilizado pelo investigador numa pesquisa específica. As fontes são o que foi mobilizado para o estudo de um dado tema e que se constitui, portanto, nas escolhas do pesquisador para a construção da sua argumentação, é o material analisado por ele ao longo do livro, do capítulo, do artigo ou de qualquer outro trabalho acadêmico; e devem ser mencionadas ao longo do texto ou ao final dele.

O DOCUMENTO NA PERSPECTIVA DO SÉCULO XIX

A busca de cientificidade, tal como entendida no século XIX, resultou no estabelecimento de hierarquias entre os documentos, alguns tidos como mais fidedignos do que outros, opção que permite compreender a particular atenção dispensada aos registros escritos e, em especial, aos provenientes do poder, ou seja, atos e decisões governamentais, legislação, material diplomático, em suma, papéis oficiais que davam conta das ocorrências sobretudo no campo político, o que remetia para datas, eventos, grandes feitos e heróis, a chamada História Factual, por vezes referida pelo termo em francês *Événementielle*. O livro *Introdução aos estudos históricos* (1898), de autoria dos professores da Sorbonne Charles-Victor Langlois (1863-1929) e Charles Seignobos

(1854-1942), que desfrutou de significativo prestígio entre especialistas pelo menos até as décadas iniciais do século XX, sistematizou os procedimentos metodológicos que deveriam, segundo eles, guiar a pesquisa histórica. A concepção de documento defendida fica explícita ao profetizarem que "quando todos os documentos forem conhecidos, e tiverem passado pelas operações que lhes garantam o uso, o trabalho de erudição crítica estará concluído" e, não sem boa dose de alarmismo, sentenciavam:

> História é apenas a utilização de documentos. Mas é questão de sorte se os documentos foram preservados ou perdidos. Daí o papel preponderante desempenhado pela sorte na construção histórica. A quantidade de documentos existentes, se não de documentos conhecidos, é dada; o tempo, apesar de todas as precauções tomadas na atualidade, a está diminuindo continuamente; nunca vai aumentar [...] esta circunstância limita o possível progresso da ciência histórica.[2]

Prognóstico curioso, que circunscrevia bastante as possibilidades de estudo do passado que ficava na dependência da sorte, além de sugerir sua finitude, irônico resultado da própria labuta do pesquisador, o qual incessantemente reunia, descrevia e classificava registros que não apenas não aumentavam, mas, ainda por cima, estavam sob constante risco de desaparecerem. Uma vez terminadas a ordenação e a crítica, tidas como tarefas essenciais do historiador, este poderia sair de cena, a exemplo de um ator que finda sua fala, para se tornar, no máximo, zeloso guardião de um imenso acervo, depositário do passado da humanidade, proposta que parecia evocar o sonho da biblioteca de Alexandria.

DOCUMENTO COMO PRODUTO

A contestação desse entendimento ocorreu, de modo especialmente marcante, a partir da década de 1930 e teve na já citada revista *Annales* um de seus polos fundamentais. Lucien Febvre defendeu novos parâmetros para a disciplina numa obra sintomaticamente intitulada *Combates pela História*. A "História problema", em contraposição àquela ancorada na cronologia, no indivíduo e na narrativa linear, propunha-se ultrapassar o político e dirigir o olhar para as estruturas sociais e econômicas, para os fenômenos coletivos, as mentalidades e as diferentes temporalidades da história, isso a partir de um constante diálogo com outras disciplinas – Geografia, Demografia, Estatística, Sociologia, Psicologia.

Não por acaso, o primeiro subtítulo da revista foi *Annales d'histoire économique et sociale* (*Anais de história econômica e social*), cujas páginas abrigaram um rol de temáticas antes pouco frequentes na pesquisa historiográfica. Esse fato fica evidente quando se contrapõem os assuntos mais contemplados na revista de Marc Bloch e Lucien Febvre àqueles publicados na já citada *Revue Historique*, entre os anos de 1929 e 1945, fundamentais para o fortalecimento institucional das novas propostas. A política foi tema de apenas 2,8% dos artigos nos *Annales*, enquanto os assuntos econômicos somaram 57,5% e os sociais 26,2%. Já na *Revue Historique*, a política reinou soberana, com presença em 49,9% das colaborações, a economia recebeu atenção em 17,5% dos artigos e a sociedade em 4,4%. As biografias não figuraram nos *Annales*, mas somaram 8,6 na *Historique*.[3]

Assim, as mudanças convidavam a redefinir as práticas rotineiras do ofício, com destaque para a noção de documento. Febvre sintetizou o novo ponto de vista num trecho que, a despeito de longo, merece ser reproduzido na íntegra, tanto pela sua precisão metodológica e profissão de fé na pesquisa histórica, quanto pela inspiração poética:

> A História faz-se com documentos escritos, sem dúvida. Quando eles existem. Mas ela pode fazer-se, ela deve fazer-se sem documentos escritos, se os não houver. Com tudo o que o engenho do historiador pode permitir-lhe utilizar para fabricar o seu mel, à falta das flores habituais. Portanto, com palavras. Com signos. Com paisagens e telhas. Com formas de cultivo e ervas daninhas. Com eclipses da lua e cangas de bois. Com exames de pedras por geólogos e análises de espadas de metal por químicos. Numa palavra, com tudo aquilo que, pertencendo ao homem, depende do homem, serve o homem, exprime o homem, significa a presença, a atividade, os gostos e as maneiras de ser do homem. Não consistirá toda uma parte, e sem dúvida a mais apaixonante do nosso trabalho de historiador, num esforço constante para fazer falar as coisas mudas, fazer com que digam o que por si próprias não dizem sobre os homens, sobre as sociedades que as produziram – e, finalmente, construir entre elas essa vasta rede de solidariedade e de entre ajuda que supre a ausência do documento escrito?

> Se não houver estatística, nem demografia, nem nada: iremos responder com a resignação a essa carência? Ser historiador é, pelo contrário, nunca se resignar. É tentar de tudo para preencher as lacunas da informação. É explorarmos todo o nosso engenho, eis a verdadeira expressão. Enganarmo-nos, ou antes, lançarmo-nos vinte vezes com entusiasmo num caminho cheio de promessas – e depois apercebemo-nos de que ele não nos leva aonde queríamos. Tanto pior, recomecemos. Retomemos com paciência a meada de fios quebrados, embaraçados, dispersos.[4]

Fabricar o seu mel, bela metáfora que remete para a ação transformadora e ativa do pesquisador, cujo objeto não é dado apenas pelo conteúdo dos documentos, mas construído (fabricado) a partir das demandas do presente, perspectiva que não mais permitia ignorar as relações entre o momento vivido e o estudo do passado. Se existiam as flores habituais – os registros escritos – isso não significava que o historiador estava condenado a servir-se tão somente delas, e o investimento de Febvre caminhou no sentido de ampliar o entendimento do que poderia ser mobilizado na escrita da História. Mudança sem volta, pois desde meados do século passado se observa a diversificação das fontes, o que autoriza o historiador contemporâneo a se valer de qualquer elemento (manuscrito, impresso, arquitetônico, arqueológico, iconográfico, sonoro, fílmico, da cultura material, das infovias etc.) julgado útil para levar a cabo sua investigação, o que pode incluir participação ativa no engendramento do corpo documental, como no caso da História Oral. Nada mais distante, portanto, do que a suposição de um estoque finito e decrescente de evidências.

O deslocamento não se limitou somente a expandir as possibilidades de escolha, mas também trouxe consigo um olhar renovado, que já não mais pressupunha que os documentos encerrassem valor em si mesmos. Noutros termos, o avanço do conhecimento histórico não se subordinava à descoberta de um conjunto inédito, esquecido em algum sótão ou perdido num arquivo, mas sim da forma como os pesquisadores deles se valiam, das perguntas que lhes dirigiam, uma vez que os vestígios não têm um sentido intrínseco e tampouco encerram verdades, isso a despeito de terem sua autenticidade comprovada. De modo provocativo, Jacques Le Goff, afirmando que "todo documento é mentira", exortou o historiador a não ser ingênuo. Em outras palavras, não se pode creditar ao acaso ou à intervenção da sorte o fato de contarmos com testemunhos de outros tempos, isso porque a decisão de preservar é marcada pela percepção do que é socialmente valorizado em dado momento histórico. Assim, o que se encontra depositado nas instituições de guarda (arquivos, museus, bibliotecas, fundações, coleções particulares etc.) resulta da classificação e da seleção feitas pelos contemporâneos e evidencia uma aposta, sempre incerta, em direção ao futuro, na tentativa de prescrever a maneira como as gerações seguintes deveriam compreender esses documentos, além de carregar os rastros da leitura que faziam sobre o passado. Mesmo os silêncios, as exclusões e as depurações podem ser intencionais, e isso precisa ser considerado quando se cruzam as portas desses edifícios, quase sempre imponentes, grandiosos, com centenas de quilômetros de estantes e que dão a impressão de tudo conter e registrar. Entretanto, eles são, por princípio, lacunares, em si mesmos reveladores das opções de seus guardiões, que não decidem autocraticamente, mas seguem parâmetros sociais.

É importante ter presente as duas principais acepções do termo "arquivo", tal como figuram no dicionário: "Conjunto de documentos manuscritos, gráficos, fotográficos etc., recebidos ou produzidos oficialmente por uma entidade ou por seus funcionários, e destinados a permanecer sob custódia dessa entidade ou funcionários"; e "lugar onde se recolhem e guardam estes documentos".[5] No processo de arquivamento intervém a vontade de guardar e preservar para a posteridade o que se considera digno de ser lembrado e, o que nem sempre é evidente, de excluir tudo o que não desfrute de tal legitimidade.

Se ninguém é impedido de organizar seu próprio arquivo pessoal, para o poder público esta é uma obrigação definida na legislação,[6] que compele os agentes a organizarem e disponibilizarem grande parte do que é gerado pelas atividades que exercem, tanto em função de seu valor histórico, quanto pelo caráter probatório. Um acervo privado, por seu turno, pode ser identificado como de interesse público e social e passar a ser protegido pelo Estado. Vê-se, portanto, que as instituições estatais, em suas múltiplas formas, desempenham papel ativo no processo de arquivamento, o que não deixa de expressar o exercício, por parte do poder, de controles social, econômico e político, cujas formas de ação obviamente variaram ao longo do tempo. Eis uma das ingenuidades a ser evitada: a existência de um testemunho, seja de que natureza for, traz as marcas de como foi produzido e de quem o produziu, remete, portanto, a relações de força e poder. Já sua sobrevivência informa acerca do lugar social ocupado no seu tempo e dos diferentes sentidos que pode ter adquirido posteriormente.

Para dar concretude à afirmação, pode-se mencionar o caso dos jornais operários, que foram fundados em diferentes cidades brasileiras no início do século XX. Essas pequenas folhas, produzidas de modo artesanal pelos próprios trabalhadores, com periodicidade incerta e que expunham as lutas e os sonhos daqueles que buscavam alterar a ordem vigente e conquistar melhores condições de vida e trabalho, não atraíram, no momento em que circularam, o interesse de grandes bibliotecas e arquivos, situação bem diversa da observada no final do mesmo século, quando os estudos sobre a formação do mercado de trabalho e da classe operária obtiveram "cidadania historiográfica", ou seja, passaram a interessar aos historiadores. Desde a década de 1970, essas páginas antes desprezadas têm sido zelosamente guardadas, dando origem, inclusive, a novos arquivos, como o do tipógrafo e militante paulista Edgard Leuenroth (1881-1968), depositado na Unicamp (Universidade Estadual de Campinas).

No caso dos jornais operários ignorados pelos arquivos oficiais do início do século XX, observa-se o desejo de não dar visibilidade a essa camada social. Já no caso dos arquivos da Bastilha, consultados ao longo de anos pela historiadora francesa Arlette Farge (1941-), o que se tem é justamente o contrário, pois ali estão registrados os esforços da polícia para descobrir assassinos, prender desordeiros, bêbados, mendigos, sedutores ou pequenos ladrões, apartar brigas, conter tumultos e revoltas, enfim, manter a ordem na Paris do século XVIII. Diante desses documentos, o historiador se depara com uma sucessão de delitos, mais ou menos graves, descritos e anotados em autos e dossiês que registram interrogatórios de delinquentes e testemunhas, observações de inspetores, comissários e escrivães, que revelam a amplitude de um complexo sistema de controle social. A pesquisadora nos lembra de que "o arquivo não escreve páginas de História. Descreve, com palavras do dia a dia, e no mesmo tom, o irrisório, o trágico, onde o importante para a administração é saber quem são os responsáveis e como puni-los".[7] Contudo, esses quilômetros de documentos não se limitavam a fornecer aquilo que seus organizadores desejavam, pois eles também dão acesso, ainda que de forma breve, aos que raramente escreviam ou deixavam rastro de sua presença, exibindo "a cada página a vida dos mais carentes". Farge observa que o arquivo judiciário contém "vestígio bruto de vidas que não pediam absolutamente para ser contadas dessa maneira, que foram coagidas a isso porque um dia se confrontaram com a realidade da polícia e da repressão [...]. Nele [arquivo], tudo se focaliza em alguns instantes da vida de personagens comuns, raramente visitados pela História".[8] Imaginado para atestar a vigilância e celebrar a ordem, esse arquivo, além de prescrições legais, ações e práticas da repressão, também revela a desordem, os muitos anônimos que se desviavam da norma e acabavam fisgados pelo poder, suas estratégias e astúcias diante da coerção, um mundo que o historiador precisa desvendar por trás das normas jurídicas e dos registros padronizados. É um bom exemplo de como são as gerações futuras que instituem sentidos aos elementos provenientes do passado e não aquelas que os produziram. É bem provável que os responsáveis ficassem desagradavelmente surpresos e desapontados se soubessem como a documentação por eles produzida é lida e interpretada nos dias que correm.

Outra ingenuidade, corolário da anterior, foi destacada por Edward Carr, que ponderou sobre os limites dos testemunhos do passado:

> Nenhum documento pode nos dizer mais do que aquilo que o autor pensava – o que ele pensava que havia acontecido, que deveria acontecer ou o que aconteceria, ou talvez apenas o que ele queria que os outros pensassem que ele pensava, ou mesmo o que ele próprio pensava pensar. Nada disso significa alguma coisa até que o historiador trabalhe sobre esse material e decifre-o. Os fatos, mesmo se encontrados em documentos, ou não, ainda têm que ser processados pelo historiador antes que se possa fazer qualquer uso deles.[9]

Por fim, mas não menos importante, está a própria escolha do historiador, cuja opção tampouco é aleatória e sem vínculos com os desafios de seu próprio tempo e do lugar social que ocupa. O historiador francês Michel de Certeau (1925-1986), num ensaio muito citado, apontou que "toda pesquisa historiográfica se articula com um lugar de produção socioeconômico, político e cultural". Em outras palavras, ele chamou a atenção para o fato de historiadores vincularam-se a instituições, ou seja, universidades, centros de pesquisa, bibliotecas, fundações, arquivos, o que tem implicações nos temas que escolhem, nas fontes que selecionam, nos problemas que formulam. Nas suas palavras, é "em função deste lugar que se instauram os métodos, que se delineia uma topografia de interesses, que os documentos e as questões, que lhe serão propostas, se organizam".[10]

Em síntese, pode-se afirmar que todo rastro do passado precisa ser depurado, pois permanece mudo e encapsulado um sinal, um "monumento", para retomar o termo utilizado por Le Goff, que precisa ser decodificado e interpretado, mas cujos resultados, em vez de serem definitivos, verdades prontas, articulam-se ao sujeito e ao momento no qual a interpretação ocorre. Tarefa sempre na ordem do dia, uma vez que as respostas não valem para sempre, estas devem ser compreendidas à luz de circunstâncias concretas.

UM CARDÁPIO VARIADO

A compreensão do que são documentos e fontes históricas também depende dos elementos técnicos disponíveis. A década de 1960 assistiu ao nascimento dos computadores, então máquinas gigantescas e caríssimas, em nada semelhantes aos modelos leves e portáteis que temos hoje à disposição. Os historiadores não ficaram imunes ao fascínio exercido pelos novos dispositivos, que permitiam processar, com grande rapidez, enormes quantidades de dados. Surgiu então a História Quantitativa, que convidava a refletir não sobre o documento isolado, mas a respeito da **série** à qual ele pertencia, com consequências para a dimensão temporal. A atenção de toda uma geração de historiadores voltou-se para os fenômenos de longa duração, para as permanências e para os eventos que se repetiam e podiam ser mensurados. Registros sobre mortalidade, natalidade ou casamentos, dados acerca das condições climáticas, produção agrícola ou variações nos preços de produtos, informações provenientes de acervos militares, eclesiásticos, policiais, judiciários, médicos, cartoriais eram repertoriados e submetidos a análises estatísticas com a ajuda de computadores, o que deu origem a uma nova modalidade de pesquisa, assentada em curvas, gráficos e tabelas, cuja organização não poderia ser feita sem a intervenção de máquinas.

Um dos entusiastas dessas práticas, o historiador francês Emmanuel le Roy Ladurie (1929-), sugeria que o pesquisador "deve se dispor a somar, contar frequências, repetições significativas, porcentagens de casos", assegurando que, "com efeito, somente contagens desse gênero, mesmo fastidiosas, mesmo elementares, podem finalmente validar os dados recolhidos; e mostrar que eles são, para além de anedóticos, típicos e representativos".[11] E profetizou, não sem certa dose de exagero: "o historiador de amanhã será programador ou não será historiador".[12]

É inegável que a História Serial ou Quantitativa – graças à visão de conjunto proporcionada pela compilação de informações relativas a largos períodos – contribuiu para evidenciar tendências, estabelecer novas relações de causa e efeito. Mais ainda, ampliou a noção, defendida por Marc Bloch e Lucien Febvre, que subordinava a pesquisa histórica à experiência humana. O livro de Ladurie *O território do historiador* contém toda uma parte intitulada "História sem homens", dedicada ao clima, apresentado como um novo domínio de Clio (musa dos historiadores), sobre o qual o autor escreveu outros livros.[13] Historiador criativo, cujas várias obras indicaram caminhos pouco palmilhados pela pesquisa historiográfica, pode ser colocado entre os primeiros a questionar as relações entre as sociedades e o meio ambiente, temática que ocupa importante espaço no cenário atual.

Porém, a abordagem de séries documentais não se manteve imune a críticas. Afinal, o computador não vai além de organizar os dados que lhe são fornecidos. Um exemplo que aponta para as limitações dos resultados é a questão da alfabetização. Como calcular a porcentagem dos que sabiam ler e escrever antes de a escolarização se generalizar? Uma possibilidade é verificar a posse de livros, rastreável a partir do conteúdo de bibliotecas privadas, mencionadas em inventários e testamentos. De modo mais amplo, podem-se contabilizar assinaturas em documentos, como nos registros de casamento ou em outros documentos de natureza pública. Entretanto, como lembra o historiador francês Roger Chartier (1945-), a aprendizagem simultânea da leitura e da escrita é relativamente recente, o que significa que a incapacidade de escrever o próprio nome não implicava, necessariamente, que a pessoa não fosse capaz de ler. Nas suas palavras, "há numerosos indivíduos (sobretudo mulheres) que deixam a escola sabendo ler, ao menos um pouco, mas sem conseguir escrever". Assim, não saber assinar, assim como não ter um livro, não permite concluir que essas pessoas não liam "panfletos, cartazes, folhas volantes e jornais".[14]

As observações sublinham, mais uma vez, que *os critérios de escolha são do historiador*, quer se sirva de fichas manuscritas ou de sofisticados programas computacionais. Não se pense, porém, que os esforços realizados tenham sido inúteis, como aliás reconheceu o próprio Chartier:

> [...] por mais ambíguo que seja o critério da assinatura enquanto indicadora de alfabetização, não deixa de indicar que existem diferentes competências, desde os iletrados analfabetos [...] até toda uma gama de competências de leitura, e competências de leitura e escrita.[15]

Os esforços quantitativos – a despeito dos questionamentos quanto à seleção dos dados oferecidos ao computador e, de modo mais amplo, à censura no que diz respeito à pouca atenção dispensada a rupturas, inovações e singularidades, afinal, nem tudo é mensurável e recorrente – não foram abandonados. Tratou-se de reavaliar suas realizações, reconhecer os avanços e as limitações, além de sugerir novos caminhos. *A historiografia, a despeito de sempre propor novas interpretações, não o faz descartando o já produzido, mas levando-o em conta.*

A partir da segunda metade do século XX se observa, ao lado da fascinação pela série, uma atenção cada vez mais pronunciada em relação às mulheres, aos operários, aos prisioneiros, enfim, a toda sorte de excluídos, inaugurando novas percepções acerca do passado. A denominação História Vista de Baixo (*History from Below*), utilizada em 1966 pelo historiador britânico Edward Palmer Thompson (1924-1993), expressava o desejo de inquirir acerca de sujeitos e culturas que, até então, estavam praticamente ausentes da agenda historiográfica.[16] O trabalho do historiador inglês Christopher Hill (1912-2003) sobre a Revolução Inglesa de 1640,[17] os da historiadora nascida nos EUA Natalie Zemon Davis (1928-), autora de livro clássico sobre artesãos e camponeses na França da Época Moderna,[18] ou ainda os da francesa Michelle Perrot (1928-)[19] podem ser citados como ilustrativos dos resultados alcançados.

É interessante notar como o campo da disciplina ampliava-se, comportando múltiplos enfoques: ao mesmo tempo que alguns vasculhavam arquivos em busca de séries para submetê-las a tratamento estatístico, outros preocupavam-se em reconstituir a **experiência cotidiana** de indivíduos que integravam as minorias, termo que remetia não a aspectos quantitativos, mas à diminuta presença deles nos livros de História até então. Assim, toda uma nova série de personagens passou a povoar o cenário historiográfico, o que demandava inventividade para encontrar vestígios de sujeitos que, na maior parte das vezes, não deixaram mais do que alguns indícios e fragmentos de suas vivências.

Na introdução de seu estudo sobre a classe operária inglesa, escrito no início dos anos 1960, que segue inspirando muitos pesquisadores, Thompson propôs-se a reconstituir a pluralidade de futuros que se apresentavam como possíveis em determinada época, em lugar de apenas legitimar a vitória daqueles que foram capazes de se impor:

> Apenas os vitoriosos (no sentido daqueles cujas aspirações anteciparam a evolução posterior) são lembrados. Os becos sem saída, as causas perdidas e os próprios perdedores são esquecidos. Estou tentando resgatar o pobre tecelão de malhas, o meeiro ludita, o tecelão do *obsoleto* tear manual, o artesão *utópico* e mesmo o iludido seguidor de Joanna Southcott,[20] dos imensos ares superiores da posteridade. Seus ofícios e tradições podiam estar desaparecendo. Sua hostilidade frente ao novo industrialismo podia ser retrógrada. Seus ideais comunitários fantasiosos. Suas conspirações insurrecionais podiam ser temerárias. Mas eles viveram nesses tempos de aguda perturbação social, e nós não. Suas aspirações eram válidas nos termos de sua própria experiência.[21]

DOCUMENTOS *51*

Michelle Perrot
(acima), autora de
obras fundamentais
sobre a história
das mulheres,
e Natalie Davis,
cujos trabalhos
evidenciaram as
potencialidades
da Micro-História,
indicaram novos
caminhos para
a produção
historiográfica.

Proposição fecunda que se desdobrou em múltiplas direções e para a qual também contribuiu o versátil Ladurie, autor de *Montaillou*, livro que obteve enorme sucesso de público. Trata-se da História de uma comunidade de camponeses franceses dos séculos XIII e XIV, reconstituída a partir de processos inquisitoriais.[22] Esse material, se não dá acesso direto à fala daqueles que cruzaram com a Inquisição, uma vez que não se conta com a reprodução direta dos depoimentos, mas com registros feitos em consonância com normas processuais e mediados pela terminologia e pela visão dos encarregados de realizá-los, oferece a rara oportunidade, mesmo com todas as mediações, de nos aproximarmos das crenças e do universo cultural de indivíduos a respeito dos quais não se tem outro tipo de testemunho.

Carlo Ginzburg, por sua vez, atestou a potencialidade dos dossiês inquisitoriais ao trabalhar não com uma aldeia, mas com um caso, o do moleiro italiano que viveu no século XVI, conhecido como Menocchio. Seus resultados de pesquisa convidaram a rever a separação entre cultura erudita e popular em prol da circularidade dos elementos tidos como superiores e inferiores, ambos lidos e manipulados pelo moleiro, autor de uma síntese original a respeito da origem do universo e que lhe valeu a condenação. Assim, a despeito de abordar um indivíduo, o estudo abriu novos caminhos metodológicos para a compreensão da cultura e expôs, sob outra perspectiva, a necessidade não apenas de inventariar livros e impressos, mas de questionar a maneira como eram lidos e apropriados em uma época determinada.[23]

DOCUMENTOS 53

Considerado um dos maiores expoentes da Micro-História, Carlo Ginzburg, além de pesquisar heresias e heréticos, dedicou-se à História da Arte e à análise do *estatuto da prova* e da *verdade* em História.

Na mesma senda, pode-se mencionar *O retorno de Martin Guerre*,[24] de Natalie Davis, que analisa o caso de um camponês francês do século XVI que também acabou nas malhas da justiça. Depois de desaparecer por quase uma década, o personagem que dá título à obra retornou a sua vila natal. Como decidir se ele era realmente quem dizia ser? As disputas indicam como então se concebia a noção de identidade e quais os possíveis critérios para estabelecê-la – uma história intrigante que recebeu duas versões cinematográficas, em 1982 e 1993.

Note-se que se manipulava "documentação exígua, dispersa e renitente", como afirmou Carlo Ginzburg ao declarar sua profissão de fé nas fontes que ele próprio, Natalie Davis e E. P. Thompson se valiam, mas que considerava capazes de "ilumina[rem] aspectos particulares dessa cultura" pré-industrial.[25]

Entretanto, outra tendência pode ser apontada, particularmente marcante entre um grupo de historiadores italianos, a da chamada Micro-História, que tem em Ginzburg um ilustre representante. Contrariamente ao que o termo sugere, não se trata de ter como objeto de estudo assuntos de pequenas dimensões, mas da escala de observação, ou seja, é uma prática historiográfica que se particulariza pela análise atenta dos detalhes, do que pode parecer insignificante – daí a metáfora do microscópio – e que exige um uso intenso do corpo documental, prática inspirada, pelo menos em parte, nos trabalhos do antropólogo norte-americano Clifford Geertz (1926-2006).

Entraram em cena figuras como Menocchio e Martin Guerre, mas também os grandes temas, o Estado ou a sociedade industrial que, como destacou o historiador francês Jacques Revel (1942-), "podem ser lidos em termos completamente diferentes se tentamos apreendê-los por intermédio das estratégias individuais, das trajetórias biográficas, individuais ou familiares, dos homens que foram postos diante deles",[26] ou seja, não se trata apenas de atentar para o detalhe e nele permanecer, mas de alternar as **escalas de observação**, evidenciando as diferentes percepções dos atores sociais em função do foco (micro ou macro) adotado. Nessa medida, não se analisa exaustivamente o detalhe por ele mesmo, já que seus significados só se tornam compreensíveis quando referenciados à teia mais ampla que compõe **o contexto** no qual se inserem.

Os exemplos indicam a sofisticação da noção de documento, cujo entendimento não pode ser apartado do instrumental teórico de que se vale o pesquisador. **Novas questões** colocam desafios que são respondidos com a inventividade, a imaginação e reavaliação das práticas do ofício. **Os temas e as abordagens** também se alteram e é notável o interesse crescente, perceptível já na década de 1970, pelos **aspectos culturais**. Objetos e instrumentos da vida cotidiana, processos judiciais, material inquisitorial, cartas, fotos, relatos, diários e outros elementos que remetem às trajetórias individuais, assim como diferentes linguagens dos campos literário, pictórico, religioso, musical, teatral, cinematográfico foram incorporados às listagens de fontes dos estudos históricos. A História Oral, possível graças ao gravadores, que se popularizam a partir de meados do século passado, ao que se acresceu, mais recentemente, o registro em vídeo, deu fôlego a toda uma gama de pesquisas, na qual o historiador participa da própria **produção da fonte**.

A mudança de rota pode ser observada na revista *Annales*, com evidente declínio dos artigos centrados na economia (57,8%, entre 1929 e 1945, para 25,7%, entre 1969 e 1976) em prol dos culturais (10,4% para 32,8% no mesmo período), sem que se observem alterações significativas nos relativos à política, que sempre permaneceu marginal (menos de 5%), enquanto os temas sociais oscilaram na casa dos 20%.[27]

Sem colocar em questão a representatividade da revista, há que se considerar que ela tem sido a expressão de um grupo, sem dúvida muito forte, no interior da historiografia francesa, capaz de difundir suas concepções para além das fronteiras daquele país. Entretanto, essa exclusão da História Política precisa ser relativizada. A dimensão política é parte essencial da experiência humana e não foi simplesmente descartada. O que os primeiros combatentes dos *Annales*, Bloch e Febvre, condenavam era uma História linear, superficial, anedótica, ancorada na cronologia e em grandes eventos e figuras da política. Centrar fogo contra esses ídolos estava no âmago da luta em prol da economia e da sociedade, mas não significa, contudo, que necessariamente a História Política precise sempre corresponder a essa caricatura. O final do século XX também viu nascer uma História do político renovada, em diálogo com outras instâncias e que se mostrou capaz de reinventar seus problemas, trabalhar com séries, a exemplo dos dados eleitorais, sensível à pluralidade de ritmos, às rupturas e às continuidades, às múltiplas temporalidades dos fenômenos, às articulações entre pertencimento social ou religioso e as escolhas no campo ideológico. Como ponderou o historiador francês René Rémond (1918-2007), um dos nomes que contribuíram para o rejuvenescimento desse campo de pesquisa:

> Abraçando os grandes números, trabalhando na duração, apoderando-se dos fenômenos mais globais, procurando nas profundezas da memória coletiva, ou do inconsciente, as raízes das convicções e as origens dos comportamentos, a História Política descreveu uma revolução completa.[28]

As inovações tecnológicas do final do século passado impactaram a pesquisa e os projetos historiográficos em outra direção. O computador já havia se tornado um objeto portátil e muitas vezes mais possante que os seus antecessores, mas não foram as virtudes da máquina, como nos anos 1960, que descortinaram novas possibilidades, mas a sua interligação por meio da *world wide web*, a internet, o surgimento de processos de digitalização e as redes sociais.

O efeito mais óbvio diz respeito ao acesso à documentação. Bibliotecas nacionais de diferentes países, assim como universidades, museus, arquivos, fundações e centros de documentação passaram a desenvolver programas de digitalização de seus acervos, que se tornam acessíveis a qualquer interessado. Graças aos sofisticados programas de recuperação de dados, que transformam imagem em texto, é possível, em poucos segundos, buscar por palavras ou expressões em milhares de páginas. Uma iniciativa brasileira que merece destaque é a Hemeroteca Digital da Biblioteca Nacional, que reúne uma parte significativa dos periódicos que circularam no Brasil a partir de 1808. Deslocamentos para o Rio de Janeiro e meses gastos na sala de consulta da instituição agora podem ser substituídos por computadores e celulares. A lista de sites que oferecem documentos, dos mais variados gêneros, não cessa de aumentar. Não é preciso insistir quanto esse novo cenário ampliou e mesmo democratizou o acesso a conjuntos documentais localizados no exterior, que mesmo um estudante de pós-graduação teria dificuldades para consultar não fosse pela internet.

Mas há consequências mais sutis, que dizem respeito à própria formulação dos questionamentos, que podem tomar outras direções a partir de resultados obtidos numa consulta eletrônica em bases de dados. Carlo Ginzburg, ao refletir sobre o uso do catálogo eletrônico de uma universidade norte-americana, declarou "encontrar aquilo que não estou de fato procurando, e mesmo aquilo de cuja existência nem mesmo suspeito",[29] ou seja, ao percorrer milhares de páginas em alguns segundos, os resultados podem sugerir novas possibilidades e chamar atenção para aspectos antes sequer imaginados. Assim, as consequências do uso dos meios eletrônicos para o encaminhamento da pesquisa seguem em aberto e ainda carecem de reflexão mais cuidadosa.

As redes sociais, por sua vez, assumem um duplo sentido. Por um lado, tornam-se elas próprias documentos para a reconstrução da história do nosso tempo. Blogs, Twitter, Facebook, Youtube, WhatsApp são espaços fundamentais, seja para a organização de mobilizações e de engajamentos de todas as colorações políticas, seja para a difusão de informações, verdadeiras ou não, com grande potencial de influenciar o rumo dos acontecimentos. As fontes de natureza virtual, voláteis e cuja possibilidade de se preservar por longo tempo segue uma incógnita, descortinam todo um novo campo para a pesquisa em História.

Outro aspecto das redes sociais diz respeito às praticamente ilimitadas potencialidades de difusão dos dados. Os novos meios já alteraram a forma como as pessoas se relacionam e é muito pouco provável que não afetem, de maneira cada vez mais profunda, o processo de ensino e aprendizagem como, aliás, já indica o crescimento dos cursos a distância. Jogos e plataformas interativas estão entre as promessas de difusão do saber histórico e de sua democratização, mas que têm que competir com a desinformação, as versões simplificadoras e os grupos que difundem preconceitos de toda ordem.

De qualquer forma, é inegável que um texto publicado num blog ou num site poderá conquistar leitores e ter efeitos sociais e políticos de ordem muito diversa de um livro impresso. Não é fruto do acaso o fato de as revistas científicas terem se tornado eletrônicas, o que abre outro campo de reflexão acerca da relação que os nascidos num mundo já digital manterão com a cultura impressa e a leitura num futuro próximo.

As várias observações, ainda que não tenham tido a pretensão de esgotar as possibilidades disponíveis para o pesquisador contemporâneo em termos de abordagens e temáticas, são suficientes para evidenciar o quão mais complexas se tornaram as noções de documento e de fonte, e de quão abrangentes são as possibilidades de pesquisa. O desafio, tendo em vista o amplo horizonte apresentado nos dois primeiros capítulos, é o de **fazer escolhas**, passo inicial para a elaboração de um projeto de pesquisa.

NOTAS

[1] Jacques Le Goff, "Documento/Monumento", em *Enciclopédia Einaudi*, Lisboa, Imprensa Nacional, Casa da Moeda, 1984, v. 1 Memória-História, p. 103. Primeira edição em italiano em 1977.

[2] Charles-Victor Langlois e Charles Seignobos, *Introdução aos estudos históricos*, Curitiba, Patalolivros, 2017, p. 282. Primeira edição em francês em 1898.

[3] Dados informados em François Dosse, *A história em migalhas: dos Annales à história nova*, Campinas, Editora da Unicamp, 1992, p. 53. Primeira edição em francês em 1987.

[4] Lucien Febvre, *Combates pela História*, 2. ed., Lisboa, Editorial Presença, 1989, pp. 249-50. Primeira edição em francês em 1953.

[5] Aurélio Buarque de Holanda Ferreira, *Novo dicionário da língua portuguesa*, Rio de Janeiro, Nova Fronteira, s/d, p. 135.

[6] A íntegra da Lei 8.159, de 8/1/1991, que dispõe sobre a política nacional de arquivos públicos e privados e instituiu o Conselho Nacional de Arquivos (Conarq), está disponível em: <http://www.planalto.gov.br/ccivil_03/LEIS/L8159.htm>, acesso em: dez. 2019.

[7] Arlette Farge, *O sabor do arquivo*, São Paulo, Edusp, 2009, p. 14. Primeira edição em francês em 1989.

[8] Idem, p. 13.

[9] Edward Hallet Carr, *Que é história?*, 3. ed., Rio de Janeiro, Paz e Terra, 1982, p. 18.

[10] Michel de Certeau, *A escrita da história*, Rio de Janeiro, Forense-Universitária, 1982, pp. 66-7. Primeira edição em francês em 1975.

[11] Emmanuel le Roy Ladurie, *Le Territoire de l'historien*, Paris, Gallimard, 1973, p. 22.

[12] Idem, p. 14.

[13] Ver Emmanuel le Roy Ladurie, *L'Histoire du climat depuis l'an 1000*, Paris, Flammarion, 1967; *Histoire humaine et comparée du climat*, Paris, Fayard, 2004, 2006, 2009, 3 v.; *Abrégé d'histoire du climat du Moyen Âge à nos jours: Entretiens avec Anpuchka Vasak*, Paris, Fayard, 2007.

[14] Roger Chartier, *A ordem dos livros: leitores, autores e bibliotecas na Europa entre os séculos XIV e XVIII*, Brasília, Editora da Universidade de Brasília, 1994, pp. 24-5. Primeira edição em francês em 1992.

[15] Roger Chartier e Robert Darnton, "Roger Chartier entrevistado por Robert Darnton", *Matrizes*, ano 5, n. 2, pp. 159-177, jan./jun. 2012, disponível em: <file:///C:/Users/pc/Downloads/38331-Article%20Text-45207-1-10-20120814.pdf>, acesso em: abr. 2020.

[16] Edward Palmer Thompson, "A história vista de baixo", em Antonio Luigi Negro e Sérgio Silva (orgs.), *As peculiaridades dos ingleses e outros artigos*, Campinas, Unicamp, 2001, pp. 185-202. Edição brasileira de artigos publicados entre 1966 e 1978.

[17] Christopher Hill, *O mundo de ponta-cabeça: ideias radicais durante a Revolução Inglesa de 1640*, São Paulo, Companhia das Letras, 1987. Primeira edição em inglês em 1972.

[18] Natalie Zemon Davis, *Culturas do povo: sociedade e cultura no início da França moderna*, Rio de Janeiro, Paz e Terra, 2000. Coleção Oficinas da História. Primeira edição em inglês em 1975.

[19] Michelle Perrot, *Os excluídos da história: operários, mulheres e prisioneiros*, Rio de Janeiro, Paz e Terra, 1988. Coleção Oficinas da História. Edição brasileira de artigos publicados em revistas francesas entre 1975 e 1981.

[20] Inglesa que viveu entre 1750 e 1814 e se autoproclamava profetiza, conquistando seguidores.
[21] Edward Palmer Thompson, *A formação da classe operária inglesa: a árvore da liberdade*, Rio de Janeiro, Paz e Terra, 1987, v. 1, p. 13; grifos no original. Primeira edição em inglês em 1963.
[22] Emmanuel le Roy Ladurie, *Montaillou, povoado occitânico (1294-1324)*, São Paulo, Companhia das Letras, 1997. Primeira edição em francês em 1975.
[23] Carlo Ginzburg, *O queijo e os vermes: o cotidiano e as ideias de um moleiro perseguido pela inquisição*, São Paulo, Companhia das Letras, 1987. Primeira edição em italiano em 1986.
[24] Natalie Zemon Davis, *O retorno de Martin Guerre*, Rio de Janeiro, Paz e Terra, 1987. Coleção Oficinas da História. Primeira edição em francês em 1982.
[25] Carlo Ginzburg, op. cit., pp. 21-2.
[26] Jacques Revel, "Apresentação", em Jacques Revel (org.), *Jogos de escala: a experiência da microanálise*, Rio de Janeiro, FGV, 1998, p. 13. Primeira edição em francês em 1996.
[27] A respeito, ver: François Dosse, op. cit., p. 53.
[28] René Rémond, "Uma história presente", em René Rémond (org.), *Por uma história política,* Rio de Janeiro, Editora UFRJ, 1996, p. 36. Primeira edição em francês em 1988.
[29] Carlo Ginzburg, "Conversar com Orion", em *Esboços*, v. 12, n. 14, p. 163, 2005, disponível em: <file:///C:/Users/pc/Downloads/175-31523-1-PB.PDF>, acesso em: abr. 2020. Primeira edição em italiano em 2001.

Da área ao objeto de pesquisa

A História, enquanto disciplina, não para de reformular seus próprios problemas, sem dúvida porque a evolução do mundo não para de modificar a percepção das realidades humanas que nos cercam [...]. A renovação dos assuntos e das problemáticas não nasce jamais in abstracto.[1]

Jean Boutier e Dominique Julia

Os **temas de pesquisa** não nascem do nada, e o primeiro passo na elaboração de um projeto é, justamente, a **definição** dos interesses de pesquisa. Como se viu, qualquer aspecto, dos mundos natural ou social, pode ser objeto de estudo e os mais variados elementos podem ser mobilizados como fontes pelos historiadores. Porém, como se dá, na prática, tal escolha?

A resposta a essa pergunta normalmente vem acompanhada dos verbos gostar (eu gosto desse tema) e interessar (interessei-me por isso ou aquilo). Gostos e interesses despertados por vivências familiares; pela inserção social, profissional, étnica, religiosa ou de gênero; pelos desafios da existência cotidiana; pela militância política; por filmes, redes sociais, jogos, leituras, professores, palestras; enfim, uma gama variada de circunstâncias acompanhada, muitas vezes, do compromisso com as angústias e os desafios do aqui e agora. Ao refletir sobre as escolhas dos pesquisadores, Michel de Certeau sublinhou o quanto suas decisões, além de se subordinarem a preferências e curiosidades de cunho estritamente pessoal, também se articulam ao **espaço institucional** no qual se dão a formação e a atuação dos historiadores. Noutros termos, pode-se aprender a gostar ou se interessar por aquilo que se tem à disposição. Assim, nossa atenção também é atraída pelo que nos é apresentado. Questões trabalhadas pelos professores nas aulas ou discutidas na bibliografia indicada despertam, por vezes, a vontade de saber mais a respeito. Se a faculdade possui um centro de documentação acessível, o interesse pelo acervo pode ser aguçado, tanto quanto pelo encontro ao acaso de um livro numa das estantes da biblioteca ou de uma informação em um site especializado na internet.

Sobretudo para o aluno de graduação – que precisa estar cotidianamente nas salas de aulas e, na grande maioria das vezes, não tem nem tempo nem recursos para se deslocar até arquivos, fundações e centros de documentação distantes da cidade em que estuda –, é importante conhecer o que a sua instituição oferece em termos de possibilidades de pesquisa.

O processo de digitalização de documentos abriu novas perspectivas, uma vez que disponibilizou conjuntos diversificados e consultáveis por qualquer pessoa com acesso à rede. Se é certo que nos sites encontra-se apenas porcentagem modesta frente a tudo o que existe nos arquivos, essa mudança já é suficiente para ampliar as oportunidades de investigação, que antes dependiam da existência, na própria instituição de ensino ou nas suas proximidades, de acervos abertos à consulta ou de longos e custosos deslocamentos até o local dos arquivos.

FORMULAR O PROBLEMA

A **formulação** precisa do objeto ou do problema historiográfico que se quer pesquisar é o passo essencial do qual decorrem todas as etapas posteriores de elaboração de um projeto, razão pela qual se deve ter clara a distinção entre **área de estudo**, **assunto ou tema** e **objeto ou problema**.

Alguns exemplos esclarecem as diferenças. As disciplinas que normalmente compõem o currículo do curso de História, a exemplo de História do Brasil, da América ou da África, História Antiga, Medieval, Moderna ou Contemporânea, são **áreas** que comportam conteúdos de natureza muito variada. No interior de História do Brasil, identificam-se subáreas, que podem responder a critérios cronológicos amplos (Colônia, Império, República), tal como também ocorre, para citar mais um exemplo bem conhecido, com a História Antiga, período amplíssimo em abrangência temporal e que abarca civilizações muito diversas, desde mesopotâmica e egípcia até grega e romana, daí a periodização em Antiguidade Oriental e Antiguidade Ocidental ou Clássica.

Observe-se que a denominação de uma área remete, por vezes, a elementos espaçotemporais: História Medieval diz respeito à Europa e a um momento preciso no tempo, compreendido entre a queda do Império Romano do Ocidente (476) e a tomada pelos turcos da cidade de Constantinopla (1453), capital do Império Bizantino, o que exclui o continente americano, a respeito do qual os europeus ainda não tinham notícia, uma vez que Colombo aportou na América em 1492, ainda que tenha falecido acreditando que chegara às Índias. Afirmação da mesma natureza pode ser feita em relação à História da América Independente, que contém referência a um continente em particular e a uma situação política datada. Assim, trata-se de conteúdos extensos e cujos contornos são identificáveis já no ato de nomeação: não se espera estudar o Brasil quando o tema é a História Antiga.

Mas há áreas, como Historiografia e Teoria da História, que também figuram como disciplinas do currículo de graduação, cujo conteúdo, porém, não remete a limites geográficos ou temporais, ou seja, a elementos predeterminados, antes se propõem a refletir sobre os procedimentos mobilizados pelo historiador em seu ofício e que exigem maior grau de abstração (não por acaso, são estudadas nos anos finais de formação dos alunos).

Um projeto sempre se insere numa área, mas sua finalidade não é estudá-la por inteiro, uma vez que, como se viu, ela se fraciona em muitos **assuntos** ou **temas**. Para a História da América, veja-se, ainda uma vez, o processo de independência, que pode ser apreendido em escala global (para toda a região) ou a partir de espaços específicos, já que a separação das metrópoles não seguiu os mesmos caminhos no Brasil, nos Estados Unidos e na América Espanhola. Outro exemplo é a Revolução Cubana, acontecimento fundamental para a trajetória da ilha, mas que teve repercussões que foram muito além de suas fronteiras, o que alerta para o fato de as divisões não implicarem conjuntos fechados em si mesmos, mas serem, de fato, uma tentativa de racionalização. Os assuntos ou temas, tal como discutido anteriormente, variam ao longo do tempo e, portanto, eventos e aspectos que antes despertavam pouco interesse dos pesquisadores, ou sequer eram propostos, assumem o centro da cena em outros momentos.

O procedimento até aqui descrito assume, graficamente, a imagem de uma pirâmide invertida: a área é a base maior, importante como referência primeira e a partir da qual se divisa um rol bastante diversificado de temas ou assuntos, o que permite que se façam escolhas que restrinjam e direcionem o pesquisador para aspectos mais específicos.

Mais uma vez, é instrutivo citar exemplos concretos. O interesse pode recair na História do Brasil República, uma subárea da História do Brasil, mas ainda assim bastante ampla. Procurando ser mais específico, pode-se dirigir a atenção apenas ao primeiro governo de Getúlio Vargas (1882-1954). O tema começa a tomar forma, pois agora o estudo concentra-se entre 1930 e 1945, mas no que exatamente? Todo o período e em todos os seus aspectos? Note-se que ainda não se ultrapassou o âmbito do assunto, a despeito do considerável estreitamento em relação à base (História do Brasil) e à subárea (História do Brasil República), recorte que, contudo, ainda não é suficientemente preciso para se constituir num **objeto** de pesquisa. Sabe-se que esses anos comportaram diferentes momentos: a deposição do presidente Washington Luís (1869-1957) em 1930, o governo provisório (1930-1934), a elaboração de uma nova Constituição e a eleição indireta de Vargas (1934), o golpe do Estado Novo em 1937, que instaurou uma ditadura que durou até a deposição de Getúlio em 1945, isso para ficar nos marcos políticos. Entretanto, há outros aspectos. Em 1932, São Paulo pegou em armas contra o governo federal, mesmo ano em que se estendeu o direito de voto para as mulheres; nas décadas de 1930 e 1940, houve a regulamentação de leis trabalhistas, assim como o controle dos sindicatos e a restrição ao direito de greve; a economia enfrentava as consequências da Crise de 1929; os comunistas tentaram tomar o poder em 1935; em 1939 foi criado o Departamento de Imprensa e Propaganda (DIP), responsável pelo controle dos meios de comunicação e por colocar em prática o projeto cultural do regime; em 1939, Hitler iniciou a Segunda Guerra Mundial; em 1941, houve o ataque a Pearl Harbor e, no ano seguinte, o Brasil entrou no conflito.

A enumeração não tem a intenção de assustar ou desanimar possíveis interessados, pelo contrário, esses elementos (e vale notar que se trata tão somente de alguns elementos, escolhidos ao acaso) indicam os inúmeros assuntos ou temas que compõem parte de uma subárea do conhecimento histórico. Assunto ou tema que se transforma em **objeto** quando recortado de maneira mais específica, daí ser essencial definir que aspecto se pretende estudar. Para continuar no mesmo exemplo, a atenção pode ser atraída para as estratégias mobilizadas na construção da figura política de Vargas; para a política externa brasileira e as relações do país, seja com os regimes autoritários vigentes na Itália e na Alemanha, seja com os EUA; para a ação dos órgãos de repressão e a perseguição aos inimigos políticos do governo; para o controle estatal exercido nas produções culturais (música e literatura) e nos meios de comunicação (imprensa, rádio, cinema); para a política prescrita para os livros didáticos e o ensino da História; para a legislação trabalhista; para as transformações no campo econômico; para a centralização do poder em oposição às práticas da Primeira República, batizada de Velha a partir do golpe de 1930. Enfim, o assunto ou tema transforma-se, finalmente, num objeto de pesquisa. No exemplo da pirâmide, a base ficou para trás e atinge-se o topo, ou melhor, o foco concentra-se num objeto preciso.

Por mais estranho que pareça, todo o problema se resume a ter um problema! *A elaboração de um projeto não pode começar sem que se tenha delimitado um objeto ou uma questão.*

É comum que, ao se propor a realizar uma pesquisa de iniciação científica, por exemplo, o estudante já tenha um assunto ou tema em vista (cuja motivação é desejável que o futuro pesquisador saiba identificar). Escolhido o tema, não é difícil articulá-lo a uma ou a mais áreas ou subáreas da disciplina, restando o desafio de se familiarizar com as várias possibilidades que o tema abre, como no exemplo do primeiro governo Vargas. Obviamente, a natureza do tema ou assunto é uma questão sempre aberta, cuja escolha é individual, mas que deve tomar a forma de *algo suficientemente preciso para que possa ser realizável*. Proposições muito amplas indicam que ainda não se conseguiu chegar a uma delimitação. Veja-se mais um exemplo.

Caso a intenção seja pesquisar a Segunda Guerra Mundial, ainda se estará no âmbito do tema ou assunto, fascinante por certo, mas que não se constituiu numa indagação passível de ser transformada em projeto de pesquisa. Trata-se de estudar as causas do conflito? Todas as batalhas e as frentes de luta? O seu desenrolar, as táticas e as armas utilizadas? Os seus efeitos econômicos, políticos, sociais, culturais e humanos? Os campos de concentração? As disputas entre os líderes? E as perguntas continuariam indefinidamente diante de uma proposição tão aberta.

Observe-se quão diferente seria se a inquietação dissesse respeito à forma como o conflito foi apresentado num dado conjunto de livros didáticos para alunos do ensino fundamental e/ou do ensino médio. Nesse caso, não são os eventos em si que estão em questão, mas a sua descrição e análise num rol delimitado de materiais didáticos. Será que livros dos anos 1950 abordam a questão da mesma forma que os contemporâneos? Ou, então, quais os pontos e as análises enfatizados nos livros usados atualmente? No primeiro caso, seria uma pesquisa que compararia a produção didática ao longo do tempo (na diacronia) e, no segundo, trata-se de averiguar materiais num dado momento (na sincronia).

O que foi sugerido para materiais escolares também pode ser realizado em relação à produção historiográfica. As causas e as motivações do conflito têm sido explicadas da mesma forma pelos historiadores ao longo do tempo? Levar adiante uma comparação desse gênero é um estudo de História da Historiografia, e implica tentar entender os diferentes contextos nos quais as obras foram produzidas e os desafios que então se apresentavam aos seus autores, pois, como se viu, não há separação absoluta entre o sujeito e o objeto da pesquisa. É evidente que qualquer evento, personagem ou acontecimento é passível de ser estudado sob essa perspectiva.

Outra possibilidade, no caso específico da Segunda Guerra, seria contrapor as diferentes formas pelas quais o desembarque de tropas na Normandia, o Dia D (6/6/1944), que marcou o início da derrocada do nazismo, foi comemorado no decorrer do tempo. Em 2004, pela primeira vez, um chanceler alemão participou das celebrações, o que não parece estranho numa Europa unificada, na qual a Alemanha desempenha papel central, e para gerações que não participaram diretamente do conflito, situação bastante diversa da vigente nas décadas de 1940 e 1950, quando as feridas ainda eram muito recentes.

O exemplo é importante e aponta para uma problemática mais geral: como as maneiras de apreender as temáticas mudam e, mais uma vez, cabe lembrar que não foram os eventos que se alteraram, mas a leitura que deles se tem a partir do momento vivido por quem os estuda, capaz de ensejar novas perspectivas e a proposição de questões que antes não eram sequer formuláveis, o que também pode ser um objeto de pesquisa. Michel de Certeau foi preciso ao sublinhar que "uma mudança na sociedade permite ao historiador um afastamento com relação àquilo que se torna, globalmente, um passado".[2]

Pode-se concluir que os objetos de pesquisa não estão prontos, é uma inocência imaginar que exista algo como uma lista, cabendo ao futuro pesquisador escolher o item que mais lhe agrada. De fato, não apenas em História, mas em qualquer área do conhecimento, a delimitação do objeto é o resultado de um **investimento intelectual**, que embasa e justifica o recorte proposto e suas balizas espaçotemporais, daí a sua originalidade e caráter autoral. Vejam-se as observações do filósofo e escritor italiano Umberto Eco (1932-2016), que corroboram o percurso aqui sugerido a partir de um exemplo bem-humorado, relativo aos vulcões mexicanos:

> O tema *Geologia*, por exemplo, é muito amplo. *Vulcanologia*, como ramo daquela disciplina, é também bastante abrangente. *Os vulcões do México* poderiam ser tratados num exercício bom, porém superficial. Limitando-se ainda mais o assunto, teríamos um estudo mais valioso: *A História do Popocatepetl* (que um dos companheiros de Cortez deve ter escalado em 1519 e que só teve uma erupção violenta em 1702). Tema mais restrito, que diz respeito a um menor número de anos, seria *O Nascimento e a Morte do Paricutin* (de 20 de fevereiro de 1943 a 4 de março de 1952). Aconselharia o último tema. Mas desde que, a esse ponto, o candidato diga tudo o que for possível sobre esse maldito vulcão.[3]

A ironia do autor não deve ser tomada ao pé da letra: não se espera que objeto de pesquisa seja estudado de forma a esgotar o assunto; propor perguntas pertinentes e tentar respondê-las é mais do que suficiente numa iniciação científica ou num trabalho de conclusão de curso. Também deve ter ficado claro que, escolhida a temática, é preciso contar com a ajuda de um pesquisador experiente e especialista no assunto.

Professores possuem uma visão geral da disciplina, mas se tornam versados em aspectos e períodos particulares. Por essa razão, estão aptos a guiar os alunos que os procuram com propostas temáticas muito amplas, relacionadas ao seu próprio campo de pesquisa. Eles podem sugerir leituras, apresentar as diferentes possibilidades de abordagem, orientar o jovem pesquisador a encontrar o aspecto que mais lhe interessa e encorajá-lo em suas descobertas e crescimento intelectual. Não é por mero acaso que o professor, ao assumir essa responsabilidade, é chamado de **orientador**, ou seja, aquele que guia, encaminha, conduz, direciona, norteia, aconselha, estimula e corrige. O objetivo do orientador é familiarizar o **orientando** com os procedimentos específicos do ofício do historiador, uma vez que *é pela pesquisa que se desempenha um papel ativo*, propondo-se a contribuir com a historiografia. Mais do que uma relação marcada pela verticalidade (do tipo o professor ensina e o aluno aprende), o que se estabelece entre orientador e orientando são trocas e reflexões conjuntas, configurando aprendizagens e descobertas mútuas.

DELIMITAR A BIBLIOGRAFIA

Já deve ter ficado bastante evidente que a passagem do tema ao objeto demanda que se conheça o que já se produziu a respeito do assunto. Seja o primeiro governo Vargas, a Segunda Guerra ou qualquer outra temática, é essencial familiarizar-se com a historiografia. Um conhecimento geral do período, com suas balizas fundamentais em termos sociais, econômicos, políticos e culturais, é de grande utilidade, e é justamente por esse motivo que as **sugestões de leituras** iniciam-se com **obras de caráter geral**, capazes de fornecer perspectiva ampla acerca do período que se pretende estudar. Leituras dessa natureza colaboram para a escolha de aspectos específicos: que tipo de abordagem afigura-se mais adequada para responder às inquietações? Os aspectos culturais, os sociopolíticos ou os econômicos?

As pesquisas bibliográficas subsequentes já têm **direcionamento mais preciso** e, com a ajuda do orientador, pode-se perceber como obras, escritas em momentos diversos, abordaram o tema em foco. É por esse mergulho que o iniciante aproxima-se dos pesquisadores que o antecederam, distingue seus procedimentos e os problemas que se colocaram, as fontes de que se valeram, as maneiras pelas quais as interpretaram, as conclusão a que chegaram, como se posicionaram diante dos impasses do seu próprio tempo. Identifica limites e virtudes que o inspiram a seguir na mesma senda ou interpelar o objeto a partir de outro ângulo, segundo as novas demandas do seu próprio presente. Além disso, a bibliografia selecionada não dá acesso somente aos historiadores e a seus métodos, mas também aos sujeitos históricos que se pretende estudar. Porém, não basta resumir, ainda que de forma correta, o que outros já fizeram, mas **posicionar-se**, num segundo momento, diante das interpretações e compreendê-las em sua historicidade.

Não custa lembrar que injunções de diferentes ordens possibilitaram que, dentre múltiplas forças e projetos em disputas num dado momento, uma delas se impusesse como vitoriosa. Tal perspectiva, que compreende a História como um campo aberto a múltiplas possibilidades, impõe que se preste atenção não somente aos **aspectos técnicos** do ofício, mas também no **posicionamento dos autores**, nas **representações** que constroem e por que as propõem desta (e não de outra) forma. Esse **levantamento crítico** acerca do tema é uma parte indispensável, tanto para a definição do objeto quanto para a posterior redação do projeto.

De fato, nesse momento, a pesquisa já está em andamento e a biblioteca física assim como os sites de instituições de pesquisa oferecem os meios para levar adiante a tarefa. As principais revistas científicas, que publicam os resultados mais recentes de pesquisas, estão disponíveis na internet. Cabe notar que há títulos especializados, por exemplo, *História da Historiografia*, que, como o próprio nome indica, abriga artigos relacionados aos procedimentos teóricos da disciplina (https://www.historiadahistoriografia.com.br/revista).

O portal da Scielo, abreviatura de *Scientific Electronic Library Online* (https://www.scielo.org/), reúne coleções de livros e revistas brasileiras e de outros países da América

Latina, além de Portugal e Espanha. Ali podem ser consultadas, por exemplo, as revistas *Almanack*, dedicada à questão da formação dos Estados nacionais entre os séculos XVIII e XIX, *Estudos Históricos*, com especial ênfase na História do Brasil Republicano, a *Revista de Estudos Feministas*, que trata de questões de gênero, ou a *Revista Brasileira de História*, entre centenas de outros títulos.

Outra fonte importante, que disponibiliza publicações nacionais e estrangeiras, é o Portal de Periódicos da Coordenação de Aperfeiçoamento de Pessoal de Nível Superior (Capes), mas cujo conteúdo integral só é acessível a partir de computadores de instituições conveniadas com o Ministério da Educação (http://www.periodicos.capes.gov.br/). Teses e dissertações defendidas também estão disponíveis no site da Capes (https://catalogodeteses.capes.gov.br/catalogo-teses/#!/), que permite buscas por palavras-chave. Se o interesse recair sobre jornais e revistas, é de grande valia o site da Hemeroteca Digital da Biblioteca Nacional (https://bndigital.bn.gov.br/hemeroteca-digital/).

Cabe notar que, mesmo sem dispor de centros de documentação por perto ou bibliotecas bem equipadas, há muito material disponível para o pesquisador; a questão que se coloca é saber onde buscá-lo e, em seguida, como interpretá-lo. Nesse aspecto, as indicações do orientador desempenham importante papel, pois, como especialista, ele pode indicar livros, endereços eletrônicos e artigos mais importantes.

LIDAR COM OS DADOS

O pesquisador que já passou por sites de várias instituições, consultou revistas, leu livros e trabalhos acadêmicos tem que definir uma forma de lidar com os dados que vão sendo reunidos. As possibilidades são as mais variadas: há os que gostam de ler na tela, os que preferem imprimir, os que sentem necessidade de marcar o texto e fazer anotações nas margens, física ou virtualmente, os que preferem escrever em cadernos, folhas soltas ou fichas, outros que só trabalham no computador, com arquivos e pastas distintas. Pouco importa o suporte, papel ou telas, o importante é **ordenar** e **organizar** as informações. Não se pode perder de vista que as consultas e as leituras pouco ajudam se forem feitas ao acaso. A mera acumulação de dados, além de ineficaz, pode gerar sensação de desalento diante de elementos desconexos, que pouco contribuem para gerar reflexão e crítica sobre como o objeto que se quer pesquisar tem sido abordado pela historiografia.

Não há fórmulas mágicas, mas é possível apontar um conjunto relativamente simples de procedimentos que podem colaborar para facilitar não apenas a organização dos dados, mas a análise deles. O objetivo é extrair o máximo de informações de cada texto, prestando atenção no conteúdo, mas também em outros aspectos, normalmente negligenciados, que contribuem para compreender a obra e para estabelecer aproximação/distanciamento entre autores e linhas interpretativas, passo importante para a discussão bibliográfica e a tomada de posição diante do saber acumulado acerca do tema investigado.

Observe-se que as indagações a seguir antecedem a análise do texto propriamente dito.

Ao selecionar um livro ou um capítulo, o primeiro impulso é iniciar imediatamente a leitura. Pois bem, a sugestão é começar prestando atenção na editora, ou seja, quem foi o responsável pela publicação da obra. O fato de um trabalho ser impresso significa que o seu autor submeteu o material a um editor que, muito provavelmente por considerar o material relevante, decidiu incorporá-lo ao catálogo de sua editora. É importante reunir informações como: trata-se de uma empresa comercial ou universitária? Há outros títulos no catálogo associados à área das humanidades? Que autores também foram publicados por essa editora? Há outros títulos que podem interessar à pesquisa? Todos esses dados são facilmente localizáveis graças às páginas disponíveis na internet, que incluem o catálogo completo do que cada editora publicou. É importante perceber que ter o selo de uma editora é uma forma de legitimar o trabalho, afinal, o autor encontrou alguém disposto a colocar a obra à venda, ou abrigá-la no seu site, caso se trate de livro disponível para leitura na internet. De toda forma, note-se que se trata de uma via de mão dupla: a obra carrega consigo o nome de uma empresa ou instituição, mas ter um autor considerado relevante na sua especialidade também é um fator de prestígio para quem o divulga. Noutros termos: boas editoras estão à procura de bons autores e vice-versa. Assim, não é um dado irrelevante saber quem foi o responsável pela difusão da obra. Por vezes, editoras tendem a publicar livros de determinados temas e/ou tendências historiográficas e, como tudo pode ser objeto de pesquisa histórica, vale assinalar que há pesquisadores interessados na história do livro e da leitura que se debruçam sobre os catálogos e as escolhas editoriais. Pode-se concluir que a editora não é um mero detalhe. Também não o é saber se o livro integra uma coleção. É comum que os catálogos sejam organizados por coleções, normalmente sob a responsabilidade de um nome de relevo na área. Se um livro pertence a uma coleção, significa que compartilha características comuns com outros que integram o mesmo subgrupo, em termos de temática ou de método, daí ser importante compreender os objetivos da coleção e quem é (ou foi) o responsável por ela. Vale a pena citar alguns exemplos: Coleção Corpo e Alma do Brasil, da Difel, que foi dirigida pelo sociólogo e político Fernando Henrique Cardoso (1931-), Oficinas da História, da Paz e Terra, sob a responsabilidade do historiador Edgar de Decca (1946-2016), ou, ainda, História & Historiografia, da Autêntica, coordenada pela historiadora Eliana de Freitas Dutra (1951-) e que segue ativa. A trajetória de pesquisadores brasileiros, sua formação, temas de interesse e publicações, pode ser encontrada na Plataforma Lattes, que contém os currículos (http://lattes.cnpq.br/).

Logo ao abrir o volume, o leitor depara-se com a ficha catalográfica, que informa sobre o local, a data e a edição da obra. É possível que um livro que traga na capa o ano de 2020 tenha sido editado pela primeira vez em 1975, o que significa uma distância de 45 anos entre a escritura e o exemplar que se tem em mãos. É importante consultar com atenção essa página e verificar: trata-se de tradução ou o trabalho foi escrito por um brasileiro? No primeiro caso, cabe verificar quando a obra foi publicada pela primeira vez na sua língua original. A que está sendo consultada é (ou não) a primeira edição em língua portuguesa? Quanto tempo se passou entre a publicação original e a tradução? Se a obra é de autor brasileiro, vale a mesma observação: é a primeira edição ou se está diante de outra, que pode ter sido ampliada e aumentada? Não se trata de mera curiosidade ou de detalhes inúteis, muito pelo contrário, essas referências permitem verificar a persistência historiográfica de um trabalho, se conta com seguidas edições, ou a importância de um autor estrangeiro, o que faz com que sua obra tenha sido rapidamente vertida para o português. O momento da produção, por sua vez, é fundamental, uma vez que remete para os desafios que se colocavam naquele presente específico e, ainda, para os procedimentos então vigentes no campo historiográfico.

Fica evidente que muitas conclusões podem ser tiradas levando-se em conta somente esses dados. Nem é necessário insistir quanto à pertinência de averiguar quais são os temas de pesquisa do(s) autor(es) do livro ou do capítulo. Ter ciência da trajetória profissional e acadêmica também se constitui numa via para compreender o lugar que o(s) autor(es) ocupa(m) no campo historiográfico, suas contribuições e as opções teóricas e metodológicas, que se expressam nos objetos de pesquisa, nas publicações e nas orientações. Todos esses aspectos, ou seja, conhecer a editora e seu catálogo, o momento de produção e de edição da obra, o percurso de quem a escreveu, ajudam a compreender o que será lido.

Outro aspecto normalmente negligenciado refere-se aos "paratextos", termo cunhado pelo crítico literário francês

Gérard Genette (1930-2018) e que faz referência aos elementos que circundam um texto e lhe dão a feição de livro, ou seja, o título da obra, dos capítulos e seus intertítulos; as epígrafes, as dedicatórias e os agradecimentos; o sumário; o prefácio, a apresentação, as notas críticas e o posfácio; as informações sobre o editor, a obra, a coleção (quando for o caso) e o autor, presentes na capa, nas orelhas e/ou na quarta capa; as ilustrações, enfim toda uma série de elementos que cumprem o papel de despertar a atenção do leitor/comprador, o que é realizado a partir de um conjunto diversificado de elementos que apontam para a relevância do trabalho que se tem nas mãos.[4]

Prestar atenção a esses paratextos auxilia na compreensão dos objetivos do trabalho, afinal, a escolha de um título não é aleatória, tampouco o é a sequência e a denominação dada aos capítulos, os autores citados nas epígrafes e os agradecimentos, que podem conter menção à agência que financiou a investigação, às trocas acadêmicas e às instituições que acolheram o autor. O que se tem diante dos olhos é o primeiro livro de um jovem autor ou um volume que estampa um nome consagrado nacional e/ou internacionalmente? Quem assina o prefácio? Que pontos são destacados nas referências feitas nas orelhas e nas capas? O que se pode concluir a partir do título e da ordenação do índice? Quais os autores citados na bibliografia? Quais as fontes utilizadas? Quais instituições e acervos foram visitados? Todas essas informações estão disponíveis, basta prestar atenção e refletir sobre elas.

Ao adotar esses procedimentos, que implicam decifrar o contexto que envolve autor, obra e editor, inicia-se a leitura de um livro ou de um capítulo a partir de chaves que ajudam a compreender sua historicidade e as opções teóricas e metodológicas adotadas, ou seja, a linha interpretativa, as escolhas no campo conceitual e a forma de lidar com as fontes. É importante anotar e organizar esses dados, de tal sorte que, ao finalizar a revisão bibliográfica, seja possível *ultrapassar a compreensão de cada obra isolada em prol do estabelecimento de conexões entre os autores*, em termos de proximidade ou de distanciamento.

Não é diferente o procedimento quando se trata de um artigo. Assim, deve-se perguntar: em que revista foi publicado? Como o periódico é avaliado? Todas as publicações científicas recebem, regularmente, uma classificação atribuída pela Capes, o chamado Qualis Capes, cujo resultado é público e pode ser consultado no site da agência (https://sucupira.capes.gov.br/sucupira/public/consultas/coleta/veiculoPublicacaoQualis/listaConsultaGeralPeriodicos.jsf). Assim, é possível verificar o estrato ao qual pertence a revista, que segue uma escala decrescente, passando pelos níveis A, B e C, este último reservado aos periódicos que não possuem características científicas. Saber quem é responsável pela publicação – uma associação de pesquisa, uma universidade, um programa de pós-graduação? – é outra dica importante, pois atesta, ainda que de modo indireto, a qualidade acadêmica do que é publicado. O fato de uma revista estar disponível em portais confiáveis, como o da Capes ou da Scielo, é outro indício importante.

O artigo, por sua vez, pode integrar um dossiê específico. Muitas revistas optam por propor um tema e reunir vários especialistas que o abordam a partir de diferentes ângulos e perspectivas.

Em geral, artigos de dossiês são precedidos por uma apresentação, que explicita o problema e comenta cada contribuição. Assim, é importante verificar se o artigo selecionado integra um conjunto maior, pois outros textos também podem interessar à pesquisa. A análise da biografia intelectual do autor, ou seja, filiação institucional e pesquisas, publicações e orientação que, como se viu, estão na Plataforma Lattes, também deve ser realizada, ou seja, trata-se de seguir o mesmo procedimento indicado para os responsáveis por livros ou capítulos. Essas observações, que num primeiro momento podem parecer complexas, acabam por se tornar rotineiras e fazer parte do processo de leitura de qualquer texto.

Nos capítulos iniciais, vimos como as noções sobre o passado, os documentos e as fontes estão em constante mutação, portanto, a metodologia proposta não é um preciosismo, mas essencial para distinguir as diferentes concepções e formas de lidar com os vestígios do passado, expressas nos textos. Parece complicado? Mas *é justamente graças aos procedimentos e às exigências de método que o texto historiográfico adquire sua identidade*, pois, para receber tal caracterização, não basta que trate do passado.

Na feliz síntese do historiador colombiano Renán Silva (1951), a **análise histórica** não é uma atividade de diletantes e ou de amadores, por isso não

> basta *querer* fazer uma análise histórica para que o milagre se produza, o que transmite a imagem de que qualquer um, fora de todo esforço de preparação, pode se dedicar às tarefas de análise histórica, deixando, além disso, semeada a ideia de que *todo relato relacionado com o passado*, sob qualquer propósito e condição, *é uma análise histórica.*[5]

O autor investe contra essa visão nos seguintes termos:

> Segundo uma concepção amplamente estendida, mesmo entre pessoas cultas, só basta saber de algo para poder fazer a História desse algo, de tal maneira que, se sou músico e me sobra um pouco de tempo, posso empenhar-me em escrever uma História da música, já que no fundo se trata simplesmente de organizar de maneira cronológica um conjunto de fatos e arranjá-los de forma sucessiva e ordenada, colocando em primeiro plano este ou aquele personagem que foi, ao que parece, a figura visível e destacada dessa evolução que se quer mostrar [...]. Isso ocorre porque se difundiu a ideia de que o ofício de historiador é um *ofício espontâneo* e que só basta a vontade de relatar para que o milagre se produza.[6]

"A análise histórica não é uma prática espontânea", ressalta o historiador. Os caminhos que conduzem de uma área ao tema e deste ao objeto pressupõem leitura e domínio de bibliografia específica, o que é feito mobilizando-se estratégias e métodos que permitem a proposição de questões precisas. Noutras palavras, a escrita da História impõe rigor, tanto que não é o enredo que distingue a produção do historiador daquela do jornalista, ambos podem abordar exatamente a mesma questão, o distanciamento fica por conta dos **procedimentos** adotados.

NOTAS

[1] Jean Boutier e Dominique Julia, "Em que pensam os historiadores?", em Jean Boutier e Dominique Julia (orgs.), *Passados recompostos: campos e canteiros da História*, Rio de Janeiro, FGV/UFRJ, 1998, pp. 41-2. Primeira edição em francês em 1995.
[2] Michel de Certeau, *A escrita da história,* Rio de Janeiro, Forense-Universitária, 1982, p. 75.
[3] Umberto Eco, *Como se faz uma tese*, São Paulo, Perspectiva, 1989, pp. 8-9. Primeira edição em italiano em 1977; grifos no original.
[4] Consultar: Gérard Genette, *Palimpsestes: la littérature au second degré*, Paris, Seuil, 1982, e, do mesmo autor, *Paratextos editoriais*, São Paulo, Ateliê, 2009. Coleção Artes do Livro. Primeira edição em francês em 1987.
[5] Rénan Silva, *Lugar de dúvida: sobre a prática da análise histórica – breviário de inseguranças*, Belo Horizonte, Autêntica, 2015, pp. 105-6; grifos no original. Coleção História & Historiografia. Primeira edição em espanhol em 2014.
[6] Idem, pp. 106-7; grifos no original.

Circunscrever as fontes

É possível fazer-se – e faz-se – História de tudo: clima, vida material, técnicas, economia, classes sociais, rituais, festas, arte, instituições, vida política, partidos políticos, armamento, guerras, religiões, sentimento (o amor), emoções (o medo), sensibilidade, percepções (os odores), mares, desertos etc. Pela questão é que se constrói o objeto histórico, ao proceder a um recorte original no universo ilimitado dos fatos e documentos possíveis.[1]

Antoine Prost

Um universo ilimitado de possibilidades: eis o que se descortina para o pesquisador. Entretanto, ele não o adentra sem ter, pelos menos, algumas coordenadas prévias. Na prática, os vários momentos da concepção da pesquisa não se compartimentam em fases estanques e sucessivas, muito pelo contrário, é somente para fins didáticos que o processo é aqui descrito separadamente.

A questão da **seleção das fontes** e da sua forma de utilização está presente desde o início e caminha junto à **problematização** e à **construção do objeto**, como pontuou o historiador francês Antoine Prost (1933-), autor do texto que abre este capítulo: "O historiador nunca se limita a formular uma *simples questão* – até mesmo quando se trata de uma questão simples – porque, em seu bojo, traz uma ideia das fontes documentais e dos possíveis procedimentos de pesquisa".[2]

Os esforços para evidenciar como se dá a construção do conhecimento em História levam em conta a interação entre a tríade: **questão** formulada (objeto), **meios** utilizados (fontes) e **perspectivas** adotadas (procedimentos e métodos).

Os conteúdos específicos dos projetos de pesquisa constituem-se, porém, num campo aberto e em constante mutação, a despeito de os acontecimentos serem sempre os mesmos, já que não se pode alterá-los. E se é pouco eficaz tentar predeterminar e/ou prever escolhas nesse mundo em constante reinvenção que é o estudo do passado, resta a possibilidade de averiguar práticas e estratégias mobilizadas no curso das investigações.

Há uma vinculação estreita entre os três elementos citados: formular um problema em História implica tomar uma série de decisões e assumir posições, inclusive em relação às fontes e aos procedimentos, o que instaura uma espécie de circularidade, de tal sorte que a análise de um dos tópicos não se realiza sem que se evoquem os outros dois. Não é difícil concluir que a alteração de um dos elementos – objetos, fontes e métodos – traz consequências para os demais. Assim, é possível entender o percurso da disciplina a partir das diferentes maneiras como esses três elementos foram compreendidos pelos pesquisadores, e é justamente nesse aspecto que reside o interesse do estudo da historiografia. Em outras palavras, a História da História ajuda a compreender como a forma de conceber os problemas, utilizar os documentos e ensaiar respostas mudou ao longo do tempo. Contudo, é bom lembrar que se, num dado momento, certos problemas e métodos dominam o cenário, o campo historiográfico é sempre plural e diversificado. Ainda que em algum momento do cenário historiográfico determinada configuração desfrute de alguma hegemonia (ou esteja mais "na moda"), não há uma opção única, um único modo de pesquisar ou de escrever História.

A pesquisa histórica é algo complexo, portanto difícil de ser explicado em manuais que trazem apresentações abstratas e genéricas a respeito de como realizar uma pesquisa em História. Elas podem ser úteis para mostrar *como* trabalhar com questionamentos que contêm muitas variáveis, como é o caso das perguntas colocadas pelos historiadores, mas não são suficientes. Assim, o melhor a fazer é recorrer a exemplos concretos, como os apresentados no capítulo "O texto historiográfico". Como não é possível responder às inquietações particulares de cada leitor, vamos observar algumas experiências de pesquisa que ajudam a esclarecer arranjos complexos e interconectados, cujo funcionamento geral é similar em grande parte dos trabalhos em História, ainda que os conteúdos sejam, sempre, particulares. Como cada leitor terá seu tema de pesquisa, ao ler os exemplos citados, deve prestar mais atenção ao *processo* do que à temática.

OBJETO, FONTES, PROCEDIMENTOS: CONEXÕES

Um tema dos mais importantes na História do Brasil é a escravidão, regime de trabalho que vigorou por mais de três séculos e cujas consequências seguem presentes na sociedade contemporânea. Mesmo uma consulta rápida na internet, em bases de dados, portais ou bibliotecas (físicas ou virtuais), tem como resultado centenas de títulos, dossiês de revistas, artigos e livros sobre o assunto.

A leitura da bibliografia produzida em meados do século passado revela acentuada preocupação em relação à natureza capitalista (ou não) do escravismo, ou seja, seus aspectos econômicos predominavam nos estudos que, além disso, consideravam que a capacidade de reagir dos escravizados era comprometida e limitada à rebeldia ou à passividade diante da violência e da brutalidade cotidiana. Para eles, a chamada "anomia social" caracterizaria essa população.

Na década de 1980, a questão conheceu significativa mudança de rota: entraram em cena novos objetos, como a escravidão urbana (estudada em sua especificidade e não como mera continuidade do que ocorria nos campos), famílias e comunidades escravas e formas variadas de resistência. Dentre os trabalhos que contribuíram para reavaliar a suposta anomia dos escravos, restituindo-lhes a condição de sujeitos, ainda que cativos, com sua cultura, religiosidade, visões de mundo, capacidade de realizar escolhas e atuar politicamente, está o de Sidney Chalhoub (1957-), acerca dos negros livres e escravos que habitavam a cidade do Rio de Janeiro nas décadas que antecederam a abolição. Não é o caso aqui de analisar o livro em si – que desde a sua publicação tem inspirado vários outros pesquisadores –, mas de destacar as relações entre objeto/fontes/abordagem.

Na conclusão da obra, o autor esclarece a motivação que, não de forma tão explícita e elaborada, já estava no seu horizonte de preocupações ao iniciar o trabalho:

> Este livro foi uma contestação, mais ou menos explícita ao longo dos capítulos, mas sempre presente, daquilo que batizei de *teoria do escravo-coisa*. Tal teoria – tão difundida na produção historiográfica que é quase supérfluo ficar arrolando nomes de autores – defende a ideia de que as condições extremamente duras da vida na escravidão teriam destituído os escravos da capacidade de pensar o mundo a partir de categorias e significados sociais que não aqueles instituídos pelos próprios senhores.[3]

Posicionar-se frente a uma corrente historiográfica obviamente demanda, antes de mais nada, conhecê-la, e identificar seus pressupostos; implica também reinterpretar a forma como as fontes foram utilizadas e/ou propor o uso de outras evidências. No caso de Chalhoub, a escolha concentrou-se em processos criminais depositados no Arquivo Nacional. Ao iniciar a pesquisa, ele tinha a "ideia meio nebulosa" de dar continuidade aos estudos sobre cultura popular no Rio de Janeiro, nas décadas de 1870 e 1880, mas "como ainda não sabia bem aonde queria chegar, os dias no arquivo eram longos e sonolentos". É importante prestar atenção ao que está sendo dito: ao iniciar a pesquisa, o autor tinha algumas preocupações, ideias e objetivos, mas foi *no curso da realização da pesquisa e no contato com a documentação que os rumos foram sendo de fato definidos.*

Assim, esse exemplo evidencia que, se não se entra nos arquivos sabendo exatamente o que se vai encontrar, tampouco se trata de chegar ali sem ter nada a indagar. Nesse sentido, decisões aleatórias marcam, por vezes, o início do percurso. Chalhoub confessa que, sem nenhuma justificativa lógica, passou a consultar os maços (conjunto de processos) que traziam números ímpares, descartando os pares. Em termos bem-humorados, descreve o seu cotidiano:

> Desempenhava minha tarefa cabalística de análise dos [maços] ímpares com disciplina espartana: descia os maços das estantes, abria-os, espanava o pó, esmagava implacavelmente as traças e baratas que encontrava pelo caminho, e fichava os processos conforme eles iam aparecendo [...]. Mas fui percebendo, aos poucos, que algumas histórias sacudiam a letargia: Genuíno, Adão, Africano, Juvêncio, Bráulio... Todos negros, vários escravos. Resolvi então dar uma olhada também nos maços pares [...]. Surgia, então, um norte para a pesquisa. Passei a abrir todos os maços referentes às décadas de 1870 e 1880, e decidi fichar daí em diante apenas os processos que comprovadamente envolvessem negros – fossem livres ou escravos, aparecessem eles na condição de réus, ofendidos ou testemunhas.[4]

Do procedimento inicial, que envolvia a leitura de todos os processos dos maços ímpares, houve ampliação, afinal foram acrescidos os pares, mas também uma significativa restrição, pois passaram a interessar somente os que preenchiam características específicas e que foram, então, submetidos à análise circunstanciada. Cabe destacar outro ponto que parece óbvio: *imaginar que já se sabe a que conclusões a pesquisa conduzirá nunca é um ponto correto de partida*, noutros termos, se o pesquisador já está convencido das respostas que encontrará, então não é necessário levar adiante a investigação!

É justamente esse um dos pontos mais instigantes da descrição de Chalhoub. O autor vai fornecendo os elementos que o levaram, ainda que de forma indireta, a dar conta da experiência histórica de um grupo de indivíduos, identificar os sentidos que atribuíam à liberdade, a leitura que faziam do mundo e as estratégias mobilizadas para agir sobre ele, sem que estas tivessem que se restringir à rebeldia ou à passividade, tal como propunha a historiografia até então. A pesquisa também ensejou reinterpretações sobre a Lei do Ventre Livre (1871), que previa a compra da alforria pelo escravo que tivesse recursos para tanto, e da própria Abolição, vista a partir da perspectiva dos mais interessados (os escravos) e levando-se em conta sua atuação no processo. Nessa trajetória, aqui sumariamente referida, fica evidente que *a pergunta, a escolha das fontes e a forma de tratá-las compuseram um todo integrado, em diálogo com propostas analíticas* sugeridas pelos trabalhos de Carlos Ginzburg, Natalie Davis e E. P. Thompson, que compõem o quadro teórico da pesquisa de Chalhoub.

Observe-se que a maneira de colocar o problema indicava uma virada interpretativa, que estava longe de se restringir aos escravos, antes, espraiava-se em diferentes direções. O trabalho de Chalhoub e de outros que foram produzidos no Brasil na mesma época ou sob a inspiração dos mesmos historiadores citados debruçaram-se sobre sujeitos sociais até então praticamente ausentes da narrativa dos historiadores: trabalhadores pobres (e não somente o movimento organizado), mulheres, prisioneiros, criminosos, loucos, andarilhos, prostitutas, enfim, toda sorte de marginalizados e excluídos sociais. Suas formas de vida, saberes, culturas, práticas e experiências, as estratégias e a criatividade diante de contextos adversos, as maneiras de resistir e se opor à subordinação foram integradas às pesquisas e ampliaram o escopo de inquietações dos profissionais da área. Os termos **agência** e **agenciamento**, por sua vez, adentraram o vocabulário, assim como as múltiplas dimensões do poder e as maneiras de negociar, driblar e resistir à dominação, com ênfase na capacidade de indivíduos e grupos optarem e tomarem decisões. É pertinente lembrar o contexto dos anos 1980 no Brasil, marcado pela transição do regime civil-militar (implantado em 1964) para a democracia e pela retomada do espaço público pela sociedade civil, também repercutia na produção especializada, sempre ancorada no seu tempo.

Há enorme distância entre **um trabalho** acabado, que consumiu vários anos e cujos resultados alcançados ensejam avaliações acerca dos caminhos percorridos, como no caso do livro de Chalhoub, e **um projeto** de pesquisa a ser desenvolvido. O termo projeto diz respeito a um empreendimento que ainda será realizado e que se encontra, portanto, no âmbito da proposta, da intenção, do desejo ou da vontade de fazer algo, o que pressupõe um plano bem delineado que, contudo, está sujeito a mudanças no curso de sua realização. Veja-se que, no caso apresentado, o autor explicita que, à partida, tinha algumas inquietações relativas a um tema, localizável de forma precisa no tempo e no espaço, o que o levou às fontes judiciais, cuja consulta tornou-se cada vez mais circunscrita e, por fim, permitiu-lhe reelaborar explicações até então largamente difundidas. Esse aspecto merece destaque, pois lembra que *o projeto não é imutável, mas uma proposição elaborada a partir de certos parâmetros e cujos resultados não estão dados de antemão*, tanto que *é somente o seu percurso que poderá confirmar as suposições iniciais, relativizá-las ou mesmo negá-las.*

Talvez a única certeza resida no fato de que *nenhuma abordagem histórica, por mais que seja inovadora e criativa, possa ser capaz ou tenha a pretensão de dar conta de todos os ângulos de um evento.* É prudente afirmar que textos historiográficos e documentos não ensejam leituras imutáveis e definitivas, mas comportam infindas e imprevisíveis retomadas e decifrações, tanto quanto os próprios acontecimentos históricos.

Outro exemplo, ainda relativo à escravidão, ajuda a compreender a pluralidade que comporta a tríade objeto/fontes/abordagem. A socióloga Angela Alonso (1969-) também se debruçou sobre o movimento abolicionista, mas o fez levando em conta o conjunto do país (e não a Corte ou uma região específica) ao longo de duas décadas (1868-1888). A amplitude espacial de sua pesquisa era, por si só, inovadora e teve significativa repercussão sobre as fontes e a bibliografia utilizada. Destaque-se que o universo temático é o mesmo, os anos finais da escravidão, mas os pontos de partida de Chalhoub e Alonso foram bastante diversos.

No livro de Alonso, após trinta páginas de referências bibliográficas, o leitor depara-se com explicações sobre os acervos nacionais e internacionais visitados, a lista do que está disponível na rede e a descrição da natureza dos materiais consultados, que incluíram manuscritos, panfletos, discursos, correspondências, diários, obras literárias e peças teatrais, documentação oficial do Parlamento e do Conselho de Estado, além da fonte tida como principal: a imprensa da época, ou seja, periódicos de diferentes províncias, boletins de entidades abolicionistas e textos provenientes de jornais estrangeiros. Todo esse manancial foi mobilizado para organizar um banco de dados de eventos abolicionistas, que somou mais de duas mil entradas, categorizadas em dez "maneiras de agir", ou seja, ela distinguiu dez estratégias de lutar em prol da Abolição. Alonso esclarece: "A não ser quando indicado de outro modo, esse banco de dados é a fonte para todas as informações deste livro. A partir dele construí o repertório de estratégias do movimento abolicionista brasileiro".[5]

Balizas amplas (em termos de tempo e espaço) e fontes muito diversificadas para tentar apreender as estratégias colocadas em prática pelos que se envolveram com o movimento abolicionista, percebido em três momentos que justificam o título do livro de Alonso: as *flores* (1868-1878), no qual se pretendeu sensibilizar os renitentes e conquistar adeptos para a causa por meio de atos públicos, levados a efeito nas principais cidades do país; os *votos* (1878-1885), quando as apostas dos militantes abolicionistas centram-se na ação parlamentar; e o das *balas* (1885-1888), momento em que, frente aos parcos resultados obtidos no campo político, decide-se pela ação efetiva, com o incentivo às fugas e à desobediência à ordem estabelecida.

A autora preocupou-se em mostrar como, ao longo de vinte anos, os abolicionistas, que organizaram um movimento social de amplas dimensões no país, valeram-se de diferentes táticas em função de conjunturas políticas concretas, informadas pelos que se opunham à emancipação e pelos diferentes grupos que estiveram no poder ao longo do período. Se houve um momento em que era possível ocupar o espaço público, a reação dos escravocratas exigiu que a luta fosse para o Parlamento e, quando essa opção mostrou-se inócua, seus líderes adotaram a ação direta. Um arranjo complexo, em parte inspirado nos trabalhos do sociólogo norte-americano Charles Tilly (1929-2008), que convida a refletir sobre as maneiras de se fazer política numa dada configuração histórica.

Mesmo tema, mas perguntas, fontes e métodos de abordagem diferentes, resultando em contribuições que não enfatizam os mesmos sujeitos e eventos, uma vez que os pontos de partida, os materiais mobilizados, os enfoques e os percursos analíticos são diversos. Este o ponto a reter: a análise historiográfica das duas obras coloca em evidência opções diversas, em termos dos problemas a que se quer responder, das fontes escolhidas e da forma de abordagem. Opções que, por sua vez, sempre estarão sujeitas a ponderações, críticas e reavaliações de leitores contemporâneos e futuros. Não se trata, portanto, de optar entre um ou outro trabalho, tampouco de negar os antecessores que se ocuparam do mesmo tema, mas de entender quais questões motivaram esses autores em particular e perceber que ambos nos informam sobre aspectos relevantes do movimento abolicionista.

Em síntese, seja qual for a área de interesse – e cada leitor terá suas próprias inquietações e formulará as suas próprias perguntas –, um bom princípio é sempre *questionar as interconexões estabelecidas na formulação e no desenvolvimento de um projeto de pesquisa*, noutros termos, a dinâmica da tríade objeto, fontes, procedimentos.

LOCALIZAR FONTES

Se há uma infinidade de questões que podem ser propostas, o empenho em respondê-las inclui a **seleção das fontes**. Estas não são tomadas como representação fiel do que ocorreu, nem como simples receptáculo de dados, pois, como já se destacou, seu conteúdo está ligado a interesses de diferentes ordens e aos seus contextos de produção, que devem ser levados em conta e mencionados. E, para além do que possam conter em termos de **informações**, devem ser também observadas em si, ou seja, podem interessar, como lembrou Prost, menos pelo que dizem do que "pela maneira como dizem, pelos termos que utilizam" e, pode-se acrescentar, também pelo interdito, pelas zonas de **silêncio** que estabelecem.[6] O sociólogo austríaco Michael Pollak (1948-1992) chamou a atenção para o silêncio de sobreviventes de campos de concentração que haviam sido presos não por motivos políticos ou por serem judeus, mas enquadrados por "crimes raciais" (manter relações com não arianos), opções de gênero ou prostituição. Não se tratava de esquecimento, a recusa em tocar nas razões do encarceramento prendia-se ao embaraço de revelar aspectos que poderiam desembocar numa segunda condenação, agora de ordem social.[7]

É legítimo perguntar: onde está o material que preciso para fazer a minha pesquisa? Já deve estar claro que não há uma resposta pronta para essa pergunta e seria inútil tentar imaginar as necessidades específicas de cada leitor. Entretanto, se não é possível individualizar e resolver angústias particulares, é possível fornecer alguns elementos de ordem geral sobre **localização das fontes**.

Documentos produzidos por instituições públicas devem ser preservados por força de lei. Os arquivos em âmbito federal, estadual e municipal contêm material relativo ao exercício do poder, mas não só. O Arquivo Nacional, por exemplo, abriga acervos provenientes do Executivo, inventários e testamentos, mas também coleções reunidas por indivíduos e entidades privadas, material cartográfico, iconográfico, fotográfico, sonoro, descrito em instrumentos de pesquisa acessíveis na rede.

Após o final da ditadura civil-militar, arquivos públicos receberam material produzido pela repressão, que se tornaram públicos. Já os debates travados no Legislativo são registrados nos *Anais da Câmara dos Deputados* e nos *Anais do Senado*, cuja coleção completa pode ser consultada nos respectivos sites, e em publicações de assembleias estaduais e câmaras municipais, muitas vezes disponíveis nas bibliotecas das próprias instituições.

Até a proclamação da República, paróquias eram encarregadas dos registros de nascimento, batismo, casamento e óbito, obrigação que depois foi assumida pelos cartórios civis. Assim, se a pesquisa requerer esse tipo de dado, será indispensável visitar igrejas paróquias, catedrais ou arquivos das cúrias e, para o período republicano, tais informações estão nos livros dos cartórios, exceção feita, é claro, aos batismos.

Grandes bibliotecas, como a Nacional do Rio de Janeiro ou as mantidas por diferentes governos estaduais e/ou municipais, possuem não apenas coleções de obras raras, mas também de mapas, iconografia, fotografia, música, manuscritos, jornais, revistas e boletins.

Os Institutos Históricos espalhados pelo país igualmente reúnem, em suas sedes, apreciáveis conjuntos documentais, assim como a Academia Brasileira de Letras e as academias e agremiações literárias, organizadas em diferentes capitais e cidades.

A lista de fundações que preservam acervos bibliográficos e arquivísticos de diferentes gêneros é ampla, a exemplo da Fundação Oswaldo Cruz, Fundação Getúlio Vargas e seu Centro de Pesquisa e Documentação de História Contemporânea do Brasil (CPDOC) e da Casa de Rui Barbosa, todas no Rio de Janeiro; da Fundação Joaquim Nabuco e da Casa de Gilberto Freyre, no Recife; do Instituto Câmara Cascudo, em Natal.

Universidades também possuem suas próprias bibliotecas, institutos e centros de documentação, a exemplo do Instituto de Estudos Brasileiros (IEB) e da Biblioteca Guita e José Mindlin, da USP.

O Itaú Cultural e o Instituto Moreira Salles são exemplos de institutos privados que cumprem importantes funções de preservação.

A lista poderia continuar por várias páginas. Entretanto, para os nossos objetivos, a amostragem basta: o que se espera é que ela tenha sido suficiente para mostrar que não há correspondência simples entre natureza da instituição e o tipo de material que ela disponibiliza. Veja-se o caso de fotografias ou cartografias, que podem ser encontradas em diferentes acervos; não há um lugar ideal, que dispõe de todas as imagens ou de todos os mapas, assim como não há outro que guarda todos os jornais ou revistas, por exemplo. Mesmo os registros de nascimentos, até 1889 sob o manto da Igreja, estão espalhados por diferentes paróquias, dioceses e cúrias.

A conclusão é simples: a localização das fontes não é feita selecionando-se um arquivo, biblioteca ou centro, uma vez que estes, no mais das vezes, possuem diferentes gêneros documentais, que nenhuma lista é capaz de esgotar. O que ocorre é justamente o contrário, *sabendo o que deseja, o pesquisador seleciona a instituição (ou as instituições) capaz(es) de fornecer o material relativo a um dado quadro espaçotemporal*. Assim, não se trata de conhecer o que cada instituição oferece, mas de sair a campo tendo delimitado o que se procura. A ajuda do orientador é, nesse passo, essencial: como conhecedor do assunto e dos acervos, suas sugestões e indicações relativas a quais instituições e qual instrumento de pesquisa consultar facilitam em muito o percurso.

Cabe destacar, ainda, que *os diferentes gêneros de documentos demandam abordagens próprias*: jornais e revistas, objetos da cultura material, filmes, fotografias, pinturas, música, mapas, literatura, processos judiciais, cartas, livros de receita, diários ou discursos políticos, para citar somente algumas possibilidades, não são lidos e abordados da mesma forma, antes requerem que se considerem as suas especificidades. Afinal, uma carta e um processo criminal são registros de natureza muito diversa e, como se viu no capítulo "Documentos: da certeza à conclusão", o diálogo que o pesquisador estabelece com um ou com outro não é idêntico. Assim, se localizar as fontes é um passo essencial, também é preciso ter ciência dos desafios que elas colocam para o investigador.

Um aliado estratégico do pesquisador é a leitura atenta da historiografia sobre o tema a ser estudado. É preciso prestar atenção às escolhas dos pesquisadores que o antecederam, na maneira como utilizaram suas fontes, nas citações que fizeram delas, nos autores de que se valeram, pois aprende-se a partir da aproximação cuidadosa e do diálogo com os que já se debruçaram sobre problema semelhante ao que se quer estudar.

Outro meio eficaz de se familiarizar com **questões metodológicas** relativas ao gênero de fonte escolhida é o contato com textos que esmiúçam as suas particularidades, desafios e potencialidades, escritos por historiadores profissionais que se preocupam em transmitir aos jovens iniciantes a experiência acumulada ao longo de vários anos de pesquisa. É exatamente o que se encontra, por exemplo, em obras como *Fontes históricas* e *O historiador e suas fontes*, instrumentos valiosos, com linguagem a um tempo rigorosa e acessível e que contemplam a diversidade de materiais trabalhados pelos historiadores.[8] Em *Fontes históricas*, pesquisadores experientes apresentam pressupostos, métodos e técnicas específicos utilizados no tratamento de documentos depositados em arquivos públicos e privados, de vestígios arqueológicos, de materiais impressos, de depoimentos orais, de testemunhos biográficos e de fontes fonográficas e audiovisuais (produção musical, televisiva e cinematográfica, vídeos independentes e documentários). Em *O historiador e suas fontes*, o mesmo é feito com relação ao trato historiográfico de fotografias, obras literárias, testamentos e inventários, processos criminais, registros paroquiais e civis de eventos vitais (nascimento, batismo, casamento e óbito), documentos de regimes repressivos, cartas, discursos e pronunciamentos, diários pessoais e fontes do "patrimônio cultural". Ambas as obras trazem também exemplos de trabalhos historiográficos significativos e dos avanços propiciados por pesquisadores que se utilizaram dos tipos de fontes mencionados. Além disso, oferecem sugestões de procedimentos para os momentos de coleta e interpretação dos materiais, bem como discutem questões não menos importantes, como as condições de acesso às fontes e os problemas e as delícias do trabalho de campo.

NOTAS

[1] Antoine Prost, *Doze lições sobre a história*, Belo Horizonte, Autêntica, 2008, p. 75. Coleção História & Historiografia. Primeira edição em francês em 1996.
[2] Idem, p. 76; grifos no original.
[3] Sidney Chalhoub, *Visões da liberdade: uma história das últimas décadas da escravidão na Corte*, São Paulo, Companhia das Letras, 1990, p. 249; grifos no original.
[4] Idem, pp. 20-1.
[5] Angela Alonso, *Flores, votos e balas: o movimento abolicionista brasileiro (1868-1888)*, São Paulo, Companhia das Letras, 2015, p. 486.
[6] Antoine Prost, "Social e cultural indissociavelmente", em Jean-Pierre Rioux e Jean-François Sirinelli (orgs.), *Para uma história cultural*, Lisboa, Estampa, 1998, p. 130.
[7] Michael Pollak, "Memória, esquecimento, silêncio", em *Estudos Históricos*, v. 2. n. l, pp. 3-15, 1989, disponível em: <http://bibliotecadigital.fgv.br/ojs/index.php/reh/article/view/2278/1417>, acesso em: abr. 2020.
[8] Carla Bassanezi Pinsky (org.), *Fontes históricas*, São Paulo, Contexto, 2005; e Carla Bassanezi Pinsky e Tania Regina de Luca (orgs.), *O historiador e suas fontes*, São Paulo, Contexto, 2009.

O texto historiográfico

> [...] *o historiador não pode evitar a narração, inclusive quando a rechaça conscientemente. Pois a escrita da História por si mesma, pela maneira de articular os eventos, pela utilização da noção de causalidade, trabalharia sempre com as mesmas estruturas e com as mesmas figuras de uma narrativa de ficção. É a partir desse parentesco entre a narrativa de ficção e a narrativa histórica que se coloca a questão: onde está a diferença?*[1]
>
> Roger Chartier

Talvez um dos passos mais complexos da proposição e da realização de um projeto seja colocar no papel as **intenções** e, posteriormente, seus **resultados**. Se a pesquisa é o momento da aventura, ou seja, de busca e leitura da bibliografia, da consulta, física ou virtual, aos acervos, do levantamento de dados, das descobertas e do permanente questionamento das suposições iniciais, *é pela escrita* *que se compartilha o que se quer fazer ou o que já se realizou.* É preciso, portanto, decidir como apresentar o trabalho, que autores e quais fontes mencionar, explicitar como se chegou a essa ou àquela hipótese e dizer por que uma dada explicação é a mais adequada para responder aos problemas investigados, isso tudo a partir de um texto não apenas correto em termos gramaticais, mas preciso no que concerne aos **conceitos** e claro o suficiente para fornecer ao leitor elementos que lhe permitam compreender os **argumentos** apresentados e, se assim o desejar, refazer o percurso. Não é por outro motivo que a escrita é um ato criador, que envolve a escolha de caminhos e estratégias.

Esses aspectos evidenciam que a questão colocada na epígrafe que abre este capítulo não poderia ser mais pertinente: Roger Chartier chama a atenção para **a natureza da escrita historiográfica** e a aproxima das produções literárias. Especificando melhor o problema: escrever História é a mesma coisa que escrever um romance? Ambos são narrativas, o que justifica a formação da questão. Entretanto, para respondê-la, é preciso começar por explicitar o que é uma narrativa. Os dicionários ensinam que *narrar* é o mesmo que contar algo, real ou imaginário, enquanto *narrativa/narração* é a exposição de um ou vários episódios, segundo uma dada ordem e encadeamento de ações. Os significados dos termos indicam que o fato de um texto possuir caráter narrativo, por si só e de antemão, desautoriza concluir que se trata de um romance ou de uma pesquisa em História, pois ambos compartilham o mesmo gênero textual. E a questão pode ser recolocada: quais são as diferenças?

Houve quem defendesse a identificação, em termos de forma e conteúdo, entre as obras de historiadores e romancistas, como foi o caso do historiador norte-americano Hayden White (1928-2018), o que colocou os profissionais da área numa posição, no mínimo, bastante desconfortável, já que, nesse ponto de vista, o conhecimento por eles produzido não poderia almejar nenhum grau de veracidade. A contra-argumentação exigiu que se refletisse acerca dos métodos e das práticas que presidem a pesquisa e a escritura no campo da História.

MECANISMOS DE CONTROLE

A partir das críticas de linguistas e filósofos, os historiadores deram-se conta de que a escrita não se constitui numa ferramenta neutra, simples meio mobilizado, sem maiores implicações, para apresentar os resultados de investigações sobre o passado. Impôs-se a necessidade de examinar o processo de construção do texto historiográfico, os recursos retóricos mobilizados, quer dizer, as estratégias de convencimento utilizadas pelo historiador-escritor. Foi nesse contexto, particularmente acirrado a partir da década de 1970, que a pergunta sobre as fronteiras entre a ficção e a História ganhou força e continua a fazer parte das preocupações atuais. Para começar a responder a essa questão, nada melhor do que acompanhar as ponderações de um autor de ficção.

O nome da rosa é um romance histórico lançado na Itália por Umberto Eco em 1980 e que se tornou um grande sucesso mundial, tanto que em 1986 o livro foi adaptado para o cinema e três anos antes, em 1983, os leitores brasileiros já contavam com uma tradução.[2] Diante das insistentes perguntas a respeito de como lhe ocorreu escrever o livro, o porquê do título e da escolha de um mosteiro beneditino na Itália do século XIV, quais autores o inspiraram, de quais obras se valeu para reconstituir os debates filosóficos que atravessam o livro e outras mais que alguém que entre na lista dos *best-sellers* se vê obrigado a responder, Eco publicou um pequeno ensaio, bastante denso e erudito, no qual explicitou as origens e o processo de criação da obra. Ele esclareceu:

> Escrevi um romance porque me deu vontade. Creio que seja uma razão suficiente para alguém pôr-se a narrar. O homem é um animal fabulador por natureza. Comecei a escrever em março de 1978, movido por uma ideia seminal. Eu tinha vontade de envenenar um monge. Creio que um romance possa nascer de uma ideia desse tipo, o resto é recheio que se acrescenta ao longo do caminho.[3]

O trecho merece ser comentado, a começar pelo "desejo de envenenar um monge". Por certo, ao longo dos séculos, muitos monges foram envenenados, porém não foi um (ou vários) monge(s) ou situações concretas que motivaram o romancista a levar adiante o projeto, mas o desafio de construir uma narrativa ambientada num espaço e tempo precisos, com personagens principais e secundários, alguns deles reais, que convivem com uma sequência de assassinatos – no seu livro, Eco não matou um, mas sete monges em sete dias. Fica evidente que o ponto de partida do romancista difere bastante da prática do historiador.

Por outro lado, para ser verossímil e, portanto, mais interessante, o enredo criado pelo romancista não deve ignorar o passado. Assim, nesse caso específico, ao decidir escrever um romance de tipo histórico, Eco teve que despender grande esforço para dotá-lo de verossimilhança, noutros termos, ainda que os fatos narrados não tenham ocorrido, era preciso que parecessem coerentes e prováveis aos olhos do leitor, para que ele pudesse acreditar que o enredo poderia ter acontecido da forma como foi narrado, sob pena de o texto não produzir os efeitos esperados, de não ser suficientemente envolvente.

Portanto, não é possível tomar ao pé da letra a afirmação segundo a qual, decidido que se mataria um monge, todo o resto foi apenas um simples "recheio". O recheio a que Eco se refere é de fato bastante sofisticado, o que ajuda a entender o interesse e a fascinação que a obra desperta.

Veja-se, por exemplo, a questão da data dos eventos definida não aleatoriamente, mas com muito cuidado. O século escolhido pelo autor foi o XIV em razão das características do personagem "detetive" que investigou as mortes guiado por certas posturas filosóficas, que só se difundiram naquela centúria. Eco decidiu que o ano seria 1327, restando escolher o mês, pois afinal, a trama se desenrola durante uma semana. Eco esclarece que teria que ser novembro, pois um dos personagens, que de fato existiu, esteve na Itália em novembro de 1327. Contudo, esse detalhe acarretou um outro problema, pois o autor precisava matar um porco (por motivos que o leitor terá que descobrir lendo o romance) e, nas suas palavras, "porcos só são mortos no frio, e novembro poderia ser cedo demais. A menos que eu colocasse a abadia na montanha, de modo a já ter neve".[4] Há vários outros exemplos do mesmo gênero muito interessantes, que atestam o quanto ele se empenhou para dotar a narrativa de acuidade e nos "convencer" de que sua história ocorreu.

E aqui está uma das chaves para responder à pergunta sobre a diferença entre historiadores e romancistas: historiadores não podem mudar mosteiros de lugar para matar porcos! Noutros termos, eles estão presos ao passado de modo totalmente diverso dos romancistas. Se é certo que não o recuperam na sua integralidade e pureza originais, tampouco lhes é permitido negar eventos e personagens, por mais lacunares e parciais que sejam os indícios e os documentos acerca desses eventos. Assim, em História não há como ignorar e/ou inventar coisas nos mesmos termos e com a mesma liberdade desfrutada por autores de ficção.

A exemplo dos romancistas, o historiador também precisa definir o seu cenário: há que estabelecer onde e quando os eventos ocorreram, ou seja, é preciso delimitar a sua **periodização**.

O historiador inglês Eric Hobsbawm (1917-2012), por exemplo, trabalhou com a noção de "um longo século XIX", que teria se iniciado na década de 1780, marcada pelas revoluções Francesa e Industrial, e terminado em 1914, ano que assinala o início da Primeira Guerra Mundial, enquanto "o século XX", na sua proposta, estaria compreendido entre 1914 e a dissolução da União das Repúblicas Socialistas Soviéticas em 1991. Ele fez essa opção por encarar os eventos ocorridos em fins do século XVIII, econômicos na Inglaterra e políticos na França, como um processo interconectado que deu nascimento a uma nova ordem, o capitalismo industrial. É justamente a emergência, a consolidação e a primeira grande crise desse novo mundo que justificaram "alargar" o século XIX em sua proposta de periodização. Já a "breve centúria" seguinte assistiu à consolidação da Revolução Russa de 1917, o florescer de regimes autoritários, a emergência de duas superpotências (EUA e URSS), a Guerra Fria e suas disputas, encerrando-se com o desmantelamento do regime soviético.

O TEXTO HISTORIOGRÁFICO   *111*

Eric Hobsbawm, entre muitos textos, publicou obras que analisam a formação do mundo contemporâneo a partir das Revoluções Francesa e Industrial. Suas reflexões sobre *nação*, *nacionalismo* e *invenção de tradições* seguem inspirando os historiadores.

Vê-se que, nas análises historiográficas, as divisões do tempo não precisam se subordinar ao calendário civil e um século pode ter mais ou menos de cem anos, desde que se tenha uma boa justificativa histórica para isso.

Ao escolher estudar o processo de Independência do Brasil, para mencionar outro exemplo, não necessariamente a atenção se concentrará nos episódios de 1822, é possível escolher iniciar a análise no momento do retorno de D. João a Portugal (1820), ou recuar até a chegada da Família Real ao Brasil (1808). O 7 de Setembro, por outro lado, está longe de colocar um ponto-final na questão, cabendo lembrar, aliás, que até a Abdicação de D. Pedro I, em abril de 1831, comemorou-se a separação de Portugal no dia 12 de outubro, aniversário do Imperador e dia em que ocorreu sua coroação, efeméride que, mais tarde, perderia força para os eventos ocorridos às margens do rio Ipiranga no dia 7 de setembro, que acabou por se consagrar na **historiografia** e na **memória coletiva**.

Aliás, as datas históricas não resultam apenas dos debates historiográficos, mas também de lutas políticas, uma vez que o calendário cívico, que afeta o cotidiano de todos os habitantes de um país e tem por objetivo celebrar heróis e eventos marcantes para a coletividade, não é fixo e imutável. Pelo contrário, é comum que um novo regime altere as comemorações, a exemplo de Getúlio Vargas, que tornou feriado o 10 de novembro, data do golpe que instaurou o Estado Novo (1937-1945), e dos militares, que destituíram o presidente João Goulart (1918-1976) em 31 de março de 1964 e tornaram o 31/3 uma data comemorativa da efeméride ao longo do período que ocuparam o Palácio do Planalto. Não restam dúvidas de que ambas as datas citadas constituem-se em eventos históricos, mas se a interpretação acerca do seu significado é do âmbito da historiografia, a decisão de alçá-las ou não à condição de feriado nacional extrapola a competência dos estudiosos e prende-se a conjunturas políticas. Não é por outro motivo que as datas merecem atenção dos historiadores, contando-se com obras que discutem sua historicidade.[5]

O importante é ter presente que *estabelecer a periodização nunca é uma decisão aleatória, e sua escolha reverbera na composição do enredo e na seleção das fontes.*

Eventos pontuais ou processos de larga amplitude não dispensam a ação de **personagens**, que agiram num determinado **contexto**, com marcação espaçotemporal precisa. Trata-se de *estabelecer conexões, intercruzamentos, relações de causa e efeito, explicar por que o desenrolar dos acontecimentos tomou essa ou aquela direção, averiguar as possibilidades que se apresentavam e as injunções, da conjuntura ou de cunho estrutural, que levaram a um dado resultado,* o que pode ser realizado a partir de diferentes escalas de observação: com uma grande angular ou com lentes microscópicas, que focam indícios e pequenos detalhes.

O pesquisador pode privilegiar diferentes aspectos: políticos, sociais, culturais, econômicos, religiosos etc. e observar camadas sociais específicas, sejam dominantes, excluídas ou ambas. O fato é que *se constroem tramas retrospectivas a partir de vestígios sempre parciais,* daí as **conjeturas, as suposições** e **as hipóteses**, expressas pelo recurso ao "talvez", "é provável", "pode-se supor", "é possível afirmar", "os dados sugerem" que pontuam os textos historiográficos, nos quais os personagens não se restringem a indivíduos, mas incluem classes sociais, séries estatísticas, ideias, práticas. Esse processo não dispensa recursos criativos e imaginativos, mas devem ser submetidos a **controles** de tal sorte que *o historiador não escreve o que bem entende, tampouco constrói versões imaginárias do passado*.[6]

Não somente romancistas e historiadores, mas também jornalistas escrevem narrativas. Ao comparar a metodologia de trabalho dos dois últimos profissionais, a historiadora e socióloga Alzira Abreu (1936-) traçou um quadro preciso:

> O jornalista, assim como o historiador, tem o compromisso com a verdade. A pesquisa e as fontes que ambos utilizam para esclarecer os fatos podem até, muitas vezes, ser as mesmas. A diferença está na forma de trabalhá-las. De modo geral, o jornalista considera que os dados que obtém através da pesquisa podem levá-lo à versão verdadeira dos fatos. O historiador procura demonstrar a validade do seu método explicitando as questões colocadas e as fontes utilizadas. As exigências do ofício fazem com que o jornalista muitas vezes transmita o resultado do seu trabalho sem revelar para o público sua maneira de trabalhar, ou seja, seu método de obter a informação e sua forma de construir a notícia. Como a informação que consegue frequentemente é confidencial, suas fontes são mantidas no anonimato.[7]

Mais uma vez, as diferenças são marcantes: um historiador não pode alegar que se valeu de fontes não consultáveis por outros interessados, a menos que elas tenham sido vítimas de algum infortúnio (roubo, perda ou destruição), enquanto a proteção dos informantes faz parte da ética da profissão do jornalista, razão pela qual alguns chegaram a ser presos por se negarem a identificar seus informantes.[8]

Em síntese, é certo que o resultado da pesquisa toma a forma narrativa, contudo, o historiador está bem longe de dispor de liberdade absoluta para compor o enredo, que nunca pode prescindir completamente da **prova**, ainda que o significado do termo comporte diferentes sentidos ao longo do tempo. É o manejo mais ou menos preciso, mais ou menos competente, mais ou menos inventivo que permite discernir entre discursos históricos, sejam contemporâneos ou produzidos por outras gerações, e que lhes assegura um espaço próprio, distinto dos ficcionais. A avaliação da pertinência dos procedimentos mobilizados e compartilhados, em diferentes momentos, na escrita da História, está entre as tarefas da comunidade de praticantes do ofício, os colegas de profissão.

Entre as marcas que distinguem a narrativa de natureza historiográfica estão as **notas**, alocadas no rodapé da página ou ao final do texto, que não se constituem em meros enfeites, elas fazem parte da construção da argumentação e permitem que o leitor acompanhe o percurso cognitivo do autor. Em um texto de História, esses "andaimes" devem ser explicitados. Pode-se apenas indicar a existência de um livro ou de uma fonte, ou, então, julgar necessário reproduzir um excerto dela. Essas inserções cumprem várias funções. A mais evidente diz respeito à *demonstração de conhecimento e erudição*, é uma prova de que a bibliografia foi lida e de que as fontes são conhecidas. Como destacam os especialistas, trata-se de remeter o leitor para fora do texto: é possível evocar qualquer obra ou documento considerado capaz de *corroborar a argumentação proposta e, ao mesmo tempo, permitir que outros interlocutores, contemporâneos ou não, tomem a palavra e tenham vez e voz na narrativa.*

Esse ponto é bem importante. Pode-se estar estudando uma questão relacionada, por exemplo, à Inconfidência Mineira. O autor está escrevendo no século XXI sobre um acontecimento do século XVIII. Ele poderá citar, por exemplo, os Autos da Devassa, ou seja, o conjunto de documentos judiciais produzidos na época dos eventos, mas também, na mesma nota ou ao longo do seu texto, mencionar trechos de um estudioso que publicou sua obra nos anos 1850, outro que o fez em 1900 ou, ainda, um terceiro da década de 1990. Não é difícil perceber por que *o texto historiográfico é polifônico*, uma vez que sua trama é composta por múltiplas vozes, pertencentes a diferentes **temporalidades**: a do pesquisador (século XXI), a do evento estudado (século XVIII), a das várias produções que, desde o ocorrido até o presente do pesquisador, foram feitas a respeito do assunto (séculos XIX e XX). Assim, a narrativa histórica é, de fato, uma rede complexa, tecida a partir de uma pluralidade de outros textos, mobilizados para construir, apresentar e justificar interpretações sobre o passado.

Citações não evidenciam apenas o que se conhece sobre um dado tema, elas também indicam *como o autor do texto se posiciona em relação ao tema com o qual trabalha*. A menção a outros historiadores pode indicar concordância frente ao conteúdo e às análises, ou, ao contrário, trata-se de negar ou de colocar em questão suas hipóteses e/ou conclusões.

Há casos em que uma sugestão, ou uma breve menção lida na documentação ou na bibliografia, é o ponto de partida e atua como fonte de inspiração para a proposição de novos questionamentos, daí a citação, que explicita a origem da pesquisa. Obras que discutem conceitos ou aspectos metodológicos são frequentemente evocadas para informar a maneira como se realizaram (ou se realizarão) a leitura e a abordagem das fontes. Em síntese: cita-se para confirmar, negar, relativizar, complementar, sugerir, supor, (des)autorizar... A cada passo o historiador, diferentemente do jornalista e do romancista, precisa *indicar o que o autoriza a afirmar isso ou aquilo, fornecer os elementos de veracidade do seu discurso.*

Noutros termos, ao conhecimento histórico asseguram-se os instrumentos analíticos essenciais para a crítica qualificada do que se apresenta, num dado momento, como verdade histórica. E as consequências políticas e éticas desse fato não são de menor importância. Se aceitássemos que todos os discursos se equivalem, então os testemunhos e os estudos que atestam a existência dos campos de concentração e a eliminação de milhões de indivíduos por motivos étnicos, religiosos, políticos ou de gênero durante a Segunda Guerra Mundial teriam o mesmo estatuto dos chamados negacionistas, que duvidam de que tais fatos tenham ocorrido.

Historiadores respondem a uma corporação de profissionais encarregada de legitimar (ou não) suas produções e que ciosamente zela por métodos e procedimentos, por intermédio de cursos de graduação e pós-graduação, livros, revistas especializadas, congressos e bancas de dissertação e teses. A exigência de cientificidade é sempre reafirmada, a despeito de ser continuamente transformada pela prática daqueles que compõem a área.

PALAVRAS E CONCEITOS

O historiador tanto pode pesquisar um tema contemporâneo, do tempo presente, quanto se interessar por eventos muito afastados da sua própria época. Contudo, a distância temporal, seja de décadas, seja de séculos, não pode ser subestimada, pois é preciso recuperar o **sentido das palavras** no momento em que elas eram usadas. Assim, por exemplo, para um especialista do Renascimento italiano, um dicionário produzido no período é indispensável, já que o informará sobre o significado então corrente de um dado termo.

Um exemplo do português, e bem mais recente, diz respeito aos sentidos da palavra "revista". Normalmente, hoje associamos o termo a um tipo específico de publicação, que tanto pode se destinar ao grande público, a exemplo das revistas de informação semanal, as revistas femininas, infantis etc.; ou às publicações científicas, especializadas em determinada área do conhecimento. Contudo, basta consultar um dicionário do final do século XIX para descobrir que a palavra "revista" era associada ao verbo "revistar" (tanto que o exemplo de utilização é: passar a tropa em revista) ou, então, figurava com o sentido de "procura", sem qualquer menção à ideia de "publicação seriada". O que isso significa? Em primeiro lugar, que o uso atual não estava suficientemente difundido no século XIX para ser dicionarizado. As palavras são incorporadas quando sua circulação social já está consagrada, razão pela qual a ausência de um vocábulo ou de um dos seus sentidos não significa, necessariamente, que ele ainda não existisse, mas que o termo, ou uma de suas acepções, ainda era de uso relativamente restrito.

No caso da palavra "revista", uma possível explicação encontra-se no fato de que, por longo tempo, os termos "jornal" e "revista" foram utilizados de forma indiferenciada, tanto que uma publicação intitulada "revista" não raro era referida, pelos editores ou proprietários, como "jornal". Assim, foi comum, até o final do século xix, ler: "A revista X é um jornal que será publicado...", o que para nós parece bem confuso. Mas a explicação é relativamente simples: a oposição predominante era, de um lado, o "livro" e, de outro, toda e qualquer publicação que vinha a público periodicamente. Foi graças à possibilidade da reprodução direta da fotografia nos impressos periódicos que o distanciamento entre jornal e revista, que já se anunciava em termos de periodicidade, qualidade do papel e abordagem dos temas, tornou-se efetivo e consagrou, já no início do século xx, o novo sentido, primeiro na vida cotidiana e, em seguida, nas páginas dos dicionários.

A língua não é fixa, palavras deixam de ser usadas, mudam de sentido, desaparecem, enquanto novos termos são criados. Basta lembrar que todo o vocabulário atual relativo ao uso de computadores e às redes sociais remonta ao final do século passado. Um exemplo simples: o reino do verbo "datilografar" e derivados ("datilógrafa", "datilógrafo", "datilografia") durou pouco mais de um século e acabou substituído por "digitar" e derivados ("digitadora", "digitador", "digitação"), que agora nos é bastante familiar.

Não se deve perder de vista, portanto, que a **linguagem** utilizada em documentos ou em obras historiográficas precisa ser remetida a seus sentidos e significados originais, mesmo que se trate de um vocábulo familiar e de uso ainda corrente.

A esse cuidado há que se acrescer outro: algumas palavras podem, em determinados contextos, assumir a condição de **conceitos**. Vale lembrar que se entende por conceito uma representação geral e abstrata que atua como instrumento para identificar, classificar, descrever e generalizar diferentes elementos da realidade. O historiador alemão Reinhart Koselleck (1923-2006) fornece um exemplo que esclarece os vários sentidos assumidos (polissemia) por uma palavra quando atua enquanto conceito:

> Que elementos estão incluídos na palavra "Estado" para que ela se torne um conceito? Dominação, território, burguesia, legislação, jurisdição, administração, impostos, Exército – citando aqui os mais recorrentes. Esses conteúdos diversos, com sua terminologia própria, mas também com sua qualidade conceitual, estão integrados no conceito "Estado" e abrigam-se sob um conceito comum. Os conceitos são, portanto, vocábulos nos quais se concentra uma multiplicidade de significados.[9]

É bom observar que *é o contexto que determinará se um termo foi (ou não) empregado como um conceito*. "Estado", mas também "golpe de Estado", "revolução", "contrarrevolução", "sociedade", "oligarquia", "classe", "estamento", "modernidade", "tradição", "gênero" são alguns exemplos de vocábulos que atuam como tal.

Já deve ter ficado claro que não tem sentido propor uma lista fechada de conceitos, isso porque a simples presença de uma palavra num texto, sem que seu sentido seja analisado, não permite concluir se ela está (ou não) sendo utilizada como um conceito. Além do mais, nada impede que autores decidam atribuir a um termo o estatuto de conceito, assim como é evidente que não é toda e qualquer palavra que é vocacionada a assumir tal função. *Os conceitos empregados num trabalho historiográfico, assim como a seleção das fontes e da bibliografia, delineiam a abordagem escolhida.* Historiadores que se interessam por aspectos econômicos não mobilizam, necessariamente, os mesmos vocabulários e os mesmos conceitos que seus colegas que se debruçam sobre questões de gênero ou de cultura.

Voltando a comparações com os romancistas, lembremos a afirmação do escritor Umberto Eco: "Entendo que para contar é necessário primeiramente construir um mundo, o mais mobiliado possível, até os últimos pormenores [...]. O problema é construir o mundo".[10] O historiador também "(re)constrói mundos", mas não o faz apenas a partir da sua imaginação. É certo que o pesquisador tem liberdade de decidir quais aspectos do passado quer reconstruir. Para tanto, inquietações iniciais e a formulação dos questionamentos começam a compor o cenário e a trama, escolhas que, em certa medida, também circunscrevem os caminhos que trilhará. Afinal, por quais aspectos daquele mundo se interessará? Que personagens convocará? Que conceitos utilizará? Que autores convidará para acompanhá-lo durante a jornada e quais deixará à beira do caminho? De quais fontes se servirá? Como apresentará os seus resultados? Perguntas que evidenciam uma forma controlada e bem específica de produção de conhecimento, que impõem **compromissos éticos** com os fatos ocorridos e os que viveram no universo que ele deseja conhecer e explicar, ou seja, reconstruir.

NOTAS

[1] Roger Chartier, *Entrevista a Isabel Lustosa*, 23/11/2004, disponível em: <http://observatoriodaimprensa.com.br/diretorio-academico/conversa-com-roger-chartier/>, acesso em: abr. 2020.
[2] Umberto Eco, *O nome da rosa*, Rio de Janeiro, Nova Fronteira, 1983. Primeira edição em italiano em 1980.
[3] Umberto Eco, *Pós-escrito a* O nome da rosa, Rio de Janeiro, Nova Fronteira, 1985, p. 15. Primeira edição em italiano em 1984.
[4] Idem, pp. 25-6.
[5] Ver, por exemplo, Circe Bittencourt (org.), *Dicionário de datas da História do Brasil*, São Paulo, Contexto, 2007.
[6] Para discussão detalhada sobre o tema, consultar: Carlo Ginzburg, "Provas e possibilidades. À margem de *Il retorno de Martin Guerre* de Natalie Zemon Davis", em Carlo Ginzburg, *A micro-história e outros ensaios,* Lisboa, Difel, 1991, pp. 179-202. Primeira edição em italiano em 1989.
[7] Alzira Alves Abreu, "Eles mudaram a imprensa", em Alzira A. Abreu, Fernando Lattman-Weltman e Dora Rocha (org.), *Eles mudaram a imprensa: depoimentos ao CPDOC*, Rio de Janeiro, Editora FGV, 2003, pp. 9-10.
[8] Para exemplos concretos, ver: Leandro Fortes, *Jornalismo investigativo,* São Paulo, Contexto, 2005.
[9] Reinhart Koselleck, *Futuro passado: contribuição à semântica dos tempos históricos*, Rio de Janeiro, Contraponto, Ed. PUC-RJ, 2006, p. 109. Primeira edição em alemão em 1979. Consultar também: Kalina Vanderlei Silva e Maciel Henrique Silva (orgs.), *Dicionário de conceitos históricos*, São Paulo, Contexto, 2005.
[10] Umberto Eco, *Pós-escrito...*, op. cit., pp. 21-2.

Unir os fios e construir o projeto

Não nascemos historiadores, nos tornamos. Pela formação, os jovens aprendizes incorporam as regras do ofício, assim como as normas e ideais da disciplina.[1]

Marte Mangset e Emmanuelle Picard

Quando se trata de elaborar um projeto de pesquisa científica, não há como oferecer soluções ou receitas prontas: por mais instrutiva que seja a leitura de manuais de metodologia científica, nenhum deles consegue fornecer o projeto em si. Eles são muito úteis para explicitar detidamente os itens que compõem um projeto de pesquisa e que, em termos gerais, guardam a mesma estrutura, independentemente da área do saber. Eles também servem para deixar clara a lógica que articula cada uma das partes de um projeto e, ainda, para chamar a atenção do futuro pesquisador sobre aspectos como **relevância** do tema proposto, **viabilidade** de execução e **adequação** do projeto ao trabalho final que se pretende realizar (iniciação científica, de conclusão de curso, mestrado ou doutorado). Fornecem, portanto, ao futuro pesquisador, de maneira didática, as regras envolvidas na escrita desses tipos de **textos acadêmicos**.

Se é possível fazer referência a procedimentos gerais, que presidem a produção do conhecimento científico como um todo, o quadro muda substancialmente quando se trata de disciplinas específicas. Um curso de Metodologia da Pesquisa Histórica será muito diferente de outro dirigido aos estudantes de Matemática, ainda que os projetos de pesquisa de ambas as áreas sejam compostos pelas mesmas partes. E não custa lembrar, mais uma vez, que o objetivo desses cursos não é fornecer *o projeto*, mas elementos para que o aluno compreenda como ele é feito e se sinta estimulado a fazer o seu e tornar-se de fato um pesquisador.

Todo o esforço, seja em cursos, seja em manuais, caminha no sentido de colocar à disposição do estudante algo comparável a uma caixa ferramentas. Entretanto, não há como predizer o que o futuro pesquisador fará com elas, uma vez que cada um as manejará de forma diferente, para atingir seus objetivos e responder suas próprias perguntas, processo que, por vezes, dá origem a novos instrumentos, aumentando o sortimento da caixa. As observações a seguir inserem-se nessa perspectiva: não trazem soluções, mas meios para chegar a elas.

OS DADOS INICIAIS

Universidades, faculdades e agências de pesquisa possuem seus próprios modelos para a submissão de projetos, e tentar dar conta neste livro de todas as variações possíveis seria pouco produtivo. Apenas um exemplo em relação às partes iniciais: há instituições que estipulam a sequência **resumo, palavras-chave, justificativas**; outras optam por **resumo, palavras-chave, discussão bibliográfica, delimitação do tema**. Pode-se afirmar, para apaziguar as angústias, que o conteúdo em si é, no essencial, o mesmo. Não haverá projeto sem discussão bibliográfica, ainda que o item não apareça de maneira individualizada, o que também vale para os demais elementos. Assim, o mais importante é compreender a estrutura geral, pois a exigência de mais ou menos tópicos é de natureza formal e não da ordem do conteúdo. Justamente por isso, a opção aqui é apresentar um modelo sucinto, que colabore para a apreensão dos pontos essenciais.

Ao abrir um projeto, as primeiras informações, além do nome do **autor, orientador** e da **instituição**, são **título, resumo** e as **palavras-chave**. Contudo, é frequente que o autor só chegue a definir o título ao final da elaboração da proposta, quando o que se pretende fazer encontra-se delineado.

No momento de nomear o projeto, de lhe dar um **título**, dois aspectos são importantes: precisão e clareza. Por exemplo: um estudo sobre a seca no Ceará na década de 1870 (houve uma terrível seca entre 1877-1879) deve trazer esses elementos. Títulos gerais para essa pesquisa, tais como, *A seca no Brasil* (amplitude geográfica inadequada), *A seca no Ceará* (ausência de referência temporal) ou o recurso apenas a metáforas, *A inclemência climática,* não cumprem o seu papel na medida em que não permitem que o leitor identifique, logo de saída, o objeto de estudo. Subtítulos são importantes para esclarecer o escopo da pesquisa. Assim, *Trabalhadores na indústria têxtil: Rio de Janeiro 1890-1930* é um exemplo de título e subtítulo que localizam objeto, período e especialidade; tal como ocorre com *A imigração italiana em São Paulo: o papel da hospedaria dos imigrantes nos anos 1880,* ou ainda, com *A Segunda Guerra Mundial nas páginas da revista* O Cruzeiro *(1939-1945).* Nada impede subtítulos mais poéticos e, para retomar o exemplo da seca: *A seca no Ceará (1877-1879): a inclemência climática.*

Já o **resumo**, com certeza, será a última coisa a ser escrita, pois só se resume aquilo que se pretende fazer quando se tem claro o que se quer realizar. O resumo cumpre a função de apresentar brevemente o tema, seus limites espaçotemporais, a relevância do que se quer pesquisar, os objetivos que se pretende atingir e a maneira como isso será feito. Não é difícil perceber que se trata de retomar, de maneira sucinta (daí se utilizar o termo resumo), cada um dos aspectos que envolvem a proposta e que serão detalhados no decorrer do projeto. Um bom resumo permite que o leitor entenda **o que** se está propondo, **por que** se propõe, **aonde** se quer chegar e **como** isso será feito. Pode-se fazer uma analogia entre o resumo de um projeto e as manchetes dos jornais. Chama-se de "lide" (a origem é do termo inglês *lead*) às informações que figuram logo após a manchete de uma notícia. Elas dão conta das questões: o quê, quem, quando, onde, como e por que algum fato ocorreu, ou seja, contextualizam o que será lido, tal como no resumo. Claro que não são exatamente as mesmas questões, mas os dois textos cumprem objetivos semelhantes, ou seja, fornecem um roteiro, um mapa de leitura.

A escolha das **palavras-chave**, por sua vez, também requer atenção: quais os personagens, conceitos, lugares, circunstâncias que merecem ser destacados porque são centrais (chaves) para o que se pretende fazer. No caso da mencionada pesquisa sobre a seca no Ceará, duas ideias são centrais e devem aparecer no espaço reservado às palavras-chave: *seca (1877-1879)*, com identificação do período, uma vez que não houve apenas uma seca, *Ceará*, que é o palco dos acontecimentos, mas também outras como *crise*, *fome*, *migração*, por exemplo, que dão conta de aspectos específicos da pesquisa.

Conclusão: as primeiras informações que se leem num projeto (título, resumo, palavras-chave) são as últimas a serem escritas!

JUSTIFICATIVAS

Propor um tema de pesquisa pressupõe articulá-lo ao que já se conhece e é por essa razão que a escritura de um projeto inicia-se, de fato, não pelo título, resumo e palavras-chave, mas por considerações de ordem historiográfica. É preciso especificar, frente ao conhecimento histórico acumulado, que aspecto(s) o projeto pretende investigar. Cabe notar que **justificar** assume o sentido de apresentar, argumentar, esclarecer, pois é nesse momento que se explicita a importância do que se pretende fazer. Seja qual for o tema proposto, gerações anteriores e contemporâneas de historiadores provavelmente já se debruçaram sobre a questão.

Não é por outra razão que todo orientador começa por sugerir uma lista de leituras, que permitem ao jovem pesquisador informar-se acerca do saber já acumulado, das diferentes interpretações e explicações relativas à sua temática. Não se trata, é bom frisar, de apresentar um resumo de cada um dos autores que trataram do assunto, o que poderia resultar em muitas páginas de mero fichamento de obras. É certo que o fichamento é uma das etapas que devem ser cumpridas, mas *no momento de escrever a justificativa, trata-se de ir além da descrição do que cada autor afirmou em favor da contraposição de diferentes interpretações e procedimentos*, o que depende de uma leitura atenta, na linha das sugestões apresentadas anteriormente.

É a partir da **discussão** ou **revisão bibliográfica**, ou seja, da análise de como o problema tem sido compreendido pelos especialistas, que *o pesquisador explicita as próprias escolhas e as justifica*. Estas podem ser as mais variadas: pretende-se investigar fontes, personagens, circunstâncias, processos, por terem sido pouco explorados ou para reinterpretá-los? Utilizar como fonte uma documentação "nova" (que ainda não foi mobilizada como fonte) ou uma documentação "conhecida" examinada sob outra perspectiva? Ampliar/diminuir o recorte temporal normalmente utilizado? Inserir a questão num contexto mais amplo/mais restrito? Reavaliar o peso das múltiplas causas envolvidas num dado processo? Enfim, a lista de possibilidades seria infindável, mas o importante é que a proposta resulte não de uma simples opinião pessoal, "eu acho isso", mas ancore-se em argumentos: "eu acho isso porque a produção historiográfica, as fontes etc. me levam a pensar que...".

Vale insistir neste ponto: é a partir desse confronto com a bibliografia que o projeto adquire características próprias, ou seja, evidencia-se a pertinência do que se pretende fazer, apresentam-se argumentos que explicitam a relevância da proposta em termos acadêmicos e sociais, particularizam-se as escolhas em termos de abordagem, espacialidade, temporalidades e fontes, de modo a *deixar claro o que ele contém de original ou em que medida contribui para reforçar/relativizar/negar interpretações vigentes*. Ou seja, é preciso explicitar *em que* e *como* esse novo trabalho contribui para a História.

Note-se que o texto abre-se com considerações gerais acerca de como o tema tem sido abordado, ou seja, a revisão bibliográfica, e prossegue de modo a evidenciar ao leitor **as escolhas feitas** no projeto proposto. Pode-se representar a estratégia textual recorrendo mais uma vez à imagem de uma pirâmide: parte-se da base maior (o que já se conhece) para chegar ao vértice (contribuição pontual do projeto), num processo de afunilamento que, ao mesmo tempo, compartilha com o leitor as opções feitas e as justifica.

Em função de particularidades do modelo adotado por determinadas agências ou instituições de ensino, pode ser que o conteúdo aqui apresentado sob a rubrica "justificativa" receba outras denominações, como "relevância do tema", e/ou subdivisões, com itens separados para "delimitação do tema" e para "discussão bibliográfica", por exemplo, o que não implica mudanças estruturais em relação às considerações feitas aqui.

OBJETIVOS

A imagem da pirâmide também é útil aqui, pois é justamente pelo fato de se haver chegado a problema(s) claramente delimitado(s) que o passo seguinte é explicitar quais os propósitos do projeto, ou seja, **os resultados que se espera** alcançar.

Na área de História, é frequente que os projetos apresentem os **objetivos** sob a forma de uma lista, que se inicia por verbos no infinitivo, isso pelo fato de expressarem ações: analisar, realizar, identificar, verificar, contribuir, investigar, elaborar etc. Claro que não é qualquer verbo: sonhar, devanear, fantasiar podem ser verbos úteis em outras áreas de conhecimento, mas raramente são usados nos projetos de pesquisa em História.

É importante iniciar elencando os objetivos mais gerais e, tal como no exemplo da pirâmide, continuar com as metas que tendem a ser cada vez mais específicas. Dois pontos devem ser considerados na elaboração desse item: *a coerência entre o que se estabeleceu como objeto da pesquisa e as metas apresentadas.* Além disso, é importante avaliar *a viabilidade de realizar o que é proposto no tempo abarcado pelo projeto.* Assim, é fundamental questionar desde o início: vou conseguir realizar minha pesquisa e apresentar conclusões dentro do prazo? Aqui, mais uma vez, é útil recorrer à experiência do orientador para planejar a pesquisa e adequar a meta ao tempo disponível para a realização do trabalho.

Tal como já assinalado em mais de uma oportunidade, objetivos constituem-se em declarações de intenções e, por mais que tenham sido escolhidos de modo cuidadoso, podem sofrer alterações, mais ou menos profundas, no decorrer da realização da pesquisa.

FONTES E METODOLOGIA

Não é raro que alguns modelos de projeto de pesquisa englobem, em um só item, "objetivos e fontes/materiais", o que é compreensível, uma vez que a realização das metas pressupõe que se especifique o corpo documental selecionado. Outras vezes, o termo figura nas rubricas "fontes/materiais e metodologia" ou "fontes/materiais e métodos". De qualquer maneira, destaque-se que a **delimitação das fontes**, termo preferível a "materiais" num projeto de pesquisa na área de História, constitui-se num aspecto fundamental e é preciso não apenas *destacar que as fontes existem, mas que estão disponíveis para consulta*, razão pela qual se indica em quais arquivos, bibliotecas, instituições de pesquisa ou sites da internet elas podem ser encontradas.

Identificar com precisão é, portanto, fundamental, mas é necessário ir além e *apresentar considerações acerca de como esse material tem sido abordado pelos historiadores, suas potencialidades e limitações*. Esse é um dos elementos que compõem a "metodologia", aspecto que costuma gerar dúvidas e inquietações entre os estudantes. Vale lembrar que o item diz respeito ao método, ou seja, aos procedimentos e aos instrumentos que serão mobilizados para se chegar aos resultados elencados na parte dos "objetivos".

Pode parecer óbvio, mas não se deve perder de vista que técnicas e meios devem estar adequados aos objetivos e às fontes. É por esse motivo que considerações sobre a natureza das fontes constituem-se em elemento relevante da **metodologia**. Ainda uma vez, retoma-se o que foi discutido anteriormente: não é a mesma coisa trabalhar com jornais, cartas ou processos judiciais, para citar apenas alguns exemplos, pois o processo de produção, os usos sociais, os caminhos de preservação e de guarda desses distintos conjuntos documentais são muito diversos, tanto quanto as maneiras de os ler e interpretar.

Acontecimentos históricos podem ser encarados a partir de diferentes perspectivas: social, política, econômica, cultural, sem esquecer que esses diferentes aspectos estão em permanente interação e que a reconstrução do passado comporta causalidades complexas. E justamente porque a recuperação integral do passado não é possível, que resta ao pesquisador fazer suas escolhas, seus **recortes**. Se optar pela História Social, por exemplo, ainda terá que fazer outros recortes: trabalhará com quais camadas sociais, excluídos ou dominantes? Em função da abordagem privilegiada, a escolha das fontes e o rol dos objetivos apresentarão natureza diversa.

Em síntese, a metodologia implica explicitar *como* o pesquisador pretende manipular as ferramentas de que dispõe para atingir os seus objetivos. Daí a exigência de apresentar e comentar as suas fontes, explicitar a abordagem adotada, o que remete para um conjunto de conceitos específicos do campo escolhido. E, mais uma vez, a historiografia é um aliado essencial e aqui já não se trata de referenciar todos os autores que se ocuparam do tema, mas aqueles que colocaram para si desafios semelhantes, que refletiram sobre o uso de documentação da mesma natureza, que enfatizaram os mesmos aspectos da realidade que se quer investigar.

CRONOGRAMA, REFERÊNCIAS E NOTAS

O **cronograma** é geralmente apresentado sob a forma de uma tabela, composta pelo tempo disponível para a realização da pesquisa, geralmente expresso em meses, e pelas atividades que serão desenvolvidas – levantamento, leitura e sistematização da bibliografia, localização, leitura e análise das fontes, redação de relatórios parcial e final, por exemplo. Essa tarefa não deve ser encarada apenas como uma formalidade burocrática: na sua confecção é pertinente estimar o tempo que será dedicado à pesquisa, a facilidade (maior ou menor) de acesso às fontes e o investimento requerido para a sua coleta, organização e análise, além do período necessário para a escrita de relatórios, sem esquecer que há uma data previamente determinada para a entrega dos resultados finais.

Ainda uma vez cabe destacar que se trata de um planejamento, ou seja, etapas podem ser cumpridas mais rapidamente do que se imaginava ou se revelarem mais complexas e demoradas, o que justifica a necessidade de acompanhamento sistemático e conjunto de cada etapa por parte do orientador e do orientando.

O projeto encerra-se com a relação detalhada do material utilizado na confecção do projeto. Normalmente, há separação entre **as fontes**, ou seja, a lista da documentação selecionada, e **a bibliografia** – livros, capítulos, artigos, trabalhos acadêmicos, sites consultados.

Cabe destacar, contudo, que as referências às fontes e à bibliografia não estão restritas a esse espaço, uma vez que, ao longo do projeto, em várias oportunidades, é preciso mencionar e citar trechos de fontes, citar autores e obras, transcrever pequenos excertos da historiografia que colaboram para construir a argumentação. Há diferentes formas de citar: pode-se recorrer à indicação bibliográfica completa ou optar pelo sistema Sobrenome do Autor, data da publicação, página, sempre entre parênteses, e reservar as notas (de rodapé ou de fim), parte fundamental de um projeto, apenas para conteúdo explicativo. Essas escolhas são, por vezes, decisões institucionais ou do orientador, mas é possível também consultar o site da Associação Brasileira de Normas Técnicas (ABNT), que contém informações detalhadas e exemplos de citação de diferentes tipos de materiais impressos, mas também de fotografias, filmes, entrevistas, blogs e redes sociais, enfim, todo o tipo de material mobilizado na confecção de um projeto. No mesmo site há dicas importantes de como apresentar, do ponto de vista formal, trabalhos acadêmicos (https://normas-ABNT.espm.br/index.php?title=Normas_para_Apresenta%C3%A7%C3%A3o_de_Trabalhos_Acad%C3%AAmicos).

NOTA

[1] Marte Mangset e Emmanuelle Picard, "Qu'est-ce qu'être historien aujourd'hui? Permanence de et mutations d'une communauté académique", em Christophe Granger (dir.), *À quoi pensent les historiens?: faire l'histoire au XXI*, Paris, Éditions Autrement, 2012, p. 33.

Para finalizar

Vimos aqui que a escrita da História é um processo complexo e rigoroso, que articula passado, presente e futuro. Contrariamente ao que supõe o senso comum, o passado não está morto e acabado, uma vez que o presente, com suas preocupações e desafios sempre novos, convida a reler, reinterpretar e ressignificar o que se perdeu na poeira do tempo.

Não se estuda História por mera curiosidade ou diversão. Compreender as lutas, os sonhos, as crenças e as (des)ilusões dos que nos antecederam amplia o nosso próprio mundo, tarefa que assume caráter urgente num contexto tão marcado pelo imediatismo. Em fins do século xx, ao comentar o fato de se viver numa espécie de presente contínuo, no qual tudo se move e se transforma incessantemente, Hobsbawm afirmou: "os historiadores, cujo ofício é lembrar o que os outros esquecem, tornam-se mais importantes do que nunca no fim do segundo milênio. Por esse mesmo motivo, porém, eles têm de ser mais que simples cronistas, memorialistas e compiladores".[1] Hobsbawm faleceu em 2012, momento em que se divisava no horizonte a maré montante de notícias falsas e de ataques à ciência e à cultura, conjuntura que torna ainda mais essencial a reflexão crítica e fundamentada acerca do passado. Essa aventura começa com a elaboração de um projeto de pesquisa. Mãos à obra!

NOTA

[1] Eric J. Hobsbawm, *A era dos extremos: o breve século xx (1914-1991)*, São Paulo, Companhia das Letras, 2013, p. 13. Primeira edição em inglês em 1994.

Referências bibliográficas

ABREU, Alzira Alves. Eles mudaram a imprensa. In: ABREU, Alzira A.; LATTMAN-WELTMAN, Fernando; ROCHA, Dora (orgs.). *Eles mudaram a imprensa:* depoimentos ao CPDOC. Rio de Janeiro: Editora FGV, 2003, pp . 7-13.

ALONSO, Angela. *Flores, votos e balas*: movimento abolicionista brasileiro (1868-1888). São Paulo: Companhia das Letras, 2015.

BASTOS, Maria Helena Câmara. Amada pátria idolatrada: um estudo da obra *Porque me ufano do meu país*, de Affonso Celso (1900). *Educar em Revista*, n. 20, pp. 245-60, 2002. Disponível em: <https://revistas.ufpr.br/educar/article/view/2109>. Acesso em: abr. 2020.

BITTENCOURT, Circe (org.). *Dicionário de datas da História do Brasil*. São Paulo: Contexto, 2007.

BLOCH, Marc. *Apologia da história ou o ofício do historiador*. Rio de Janeiro: Zahar, 2001 [1949].

BOURDIEU, Pierre. A leitura: uma prática cultural. Debate entre Pierre Bourdieu e Roger Chartier. In: CHARTIER, Roger (ed.). *Práticas da leitura*. 2. ed. São Paulo: Estação Liberdade, 2001 [1985].

BOUTIER, Jean; JULIA, Dominique. Em que pensam os historiadores? In: BOUTIER, Jean; JULIA, Dominique (orgs.). *Passados recompostos:* campos e canteiros da História. Rio de Janeiro: FGV: UFRJ, 1998 [1995].

CARR, Edward Hallet. *Que é história?* 3. ed. Rio de Janeiro: Paz e Terra, 1982 [1961].

CELSO, Afonso. *Porque me ufano do meu país*. Primeira edição 1901. Disponível em: <http://www.ebooksbrasil.org/eLibris/ufano.html#32>. Acesso em: abr. 2020.

Certeau, Michel de. *A escrita da história*. Rio de Janeiro: Forense-Universitária, 1982 [1975].
Chalhoub, Sidney. *Visões da liberdade:* uma história das últimas décadas da escravidão na Corte. São Paulo: Companhia das Letras, 1990.
Chartier, Roger. *A ordem dos livros*: leitores, autores e bibliotecas na Europa entre os séculos xiv e xviii. Brasília: Editora da Universidade de Brasília, 1994 [1992].
──────. *Entrevista a Isabel Lustosa*, 23/11/2004. Disponível em: <http://observatoriodaimprensa.com.br/diretorio-academico/conversa-com-roger-chartier/>. Acesso em: abr. 2020.
──────; Darnton, Robert. Roger Chartier entrevistado por Robert Darnton. *Matrizes*, ano 5, n. 2, pp. 159-177, jan./jun. 2012. Disponível em: <file:///C:/Users/pc/Downloads/38331-Article%20Text-45207-1-10-20120814.pdf>. Acesso em: abr. 2020.
Coulanges, Fustel. *Histoire des institutions politiques de l'ancienne France*: la monarchie franque. Paris: Librairie Hachette, 1888. Disponível em: <https://gallica.bnf.fr/ark:/12148/bpt6k6103132p.texteImage>. Acesso em: abr. 2020.
Darton, Robert. *O grande massacre de gatos e outros episódios da história cultural francesa*. Rio de Janeiro: Graal, 1986 [1984].
Davis, Natalie Zemon. *O retorno de Martin Guerre*. Rio de Janeiro: Paz e Terra, 1987 [1982]. (Coleção Oficinas da História).
──────. *Culturas do povo*: sociedade e cultura no início da França moderna. Rio de Janeiro: Paz e Terra, 2000 [1975]. (Coleção Oficinas da História).
Dosse, François. *A história em migalhas*: dos *Annales* à história nova. Campinas: Editora da Unicamp, 1992 [1987].
──────. *Como se faz uma tese*. São Paulo: Perspectiva, 1989 [1977].
Eco, Umberto. *O nome da rosa*. Rio de Janeiro: Nova Fronteira, 1983 [1980].
──────. *Pós-escrito a* O nome da rosa. Rio de Janeiro: Nova Fronteira, 1985 [1984].
El Far, Alessandra. *Páginas de sensação:* literatura popular e pornográfica no Rio de Janeiro (1870-1924). São Paulo: Companhia das Letras, 2004.
Farge, Arlette. *O sabor do arquivo*. São Paulo: Edusp, 2009 [1989].
Febvre, Lucien. *Combates pela História*. 2. ed. Lisboa: Editorial Presença, 1989 [1953], pp. 249-50.
──────. *O problema da incredulidade no século xvi*: a religião de Rabelais. São Paulo: Companhia das Letras, 2009 [1942].
Ferreira, Aurélio Buarque de Holanda. *Novo dicionário da língua portuguesa*. Rio de Janeiro: Nova Fronteira, s/d.
Fortes, Leandro. *Jornalismo investigativo*. São Paulo: Contexto, 2005.
Gaddis, John Lewis. *The Landscape of History*: How Historians Map the Past. New York: Oxford University Press, 2002.
Genette, Gérard. *Palimpsestes*: la littérature au second degré. Paris: Seuil, 1982.
──────. *Paratextos editoriais*. São Paulo: Ateliê Editorial, 2009 [1987]. (Coleção Artes do Livro).
Ginzburg, Carlo. *O queijo e os vermes:* o cotidiano e as ideias de um moleiro perseguido pela inquisição. São Paulo: Companhia das Letras, 1987 [1986].

———. Sinais: raízes de um paradigma indiciário. In: GINZBURG, Carlo. *Mitos, emblemas e sinais:* morfologia e história. São Paulo: Companhia das Letras, 1989 [1986].

———. Provas e possibilidades. À margem de *Il retorno de Martin Guerre* de Natalie Zemon Davis. In: GINZBURG, Carlo. *A micro-história e outros ensaios*. Lisboa: Difel, 1991 [1989], pp. 179-202.

———. Conversar com Orion. *Esboços*, v. 12, n. 14, p. 163, 2005 [2001]. Disponível em: file:///C:/Users/pc/Downloads/175-31523-1-PB.PDF>. Acesso em: abr. 2020.

HARTOG, François. *O século XIX e a história*: o caso Fustel de Coulanges. Rio de Janeiro: Editora da UFRJ, 2003 [1998].

HILL, Christopher. *O mundo de ponta-cabeça*: ideias radicais durante a Revolução Inglesa de 1640. São Paulo: Companhia das Letras, 1987 [1972].

HOBSBAWM, Eric J. *A era dos extremos:* o breve século XX (1914-1991). São Paulo: Companhia das Letras, 2013 [1994].

KOSELLECK, Reinhart. *Futuro passado*: contribuição à semântica dos tempos históricos. Rio de Janeiro: Contraponto: Ed. PUC-RJ, 2006 [1979].

LADURIE, Emmanuel le Roy. *L'Histoire du climat depuis l'an 1000*. Paris: Flammarion, 1967.

———. *Le Territoire de l'historien*. Paris: Gallimard, 1973.

———. *Montaillou, povoado occitânico* (1294-1324). São Paulo: Companhia das Letras, 1997 [1975].

———. *Histoire humaine et comparée du climat*. Paris: Fayard, 2004, 2006, 2009, 3 v.

———. *Abrégé d'histoire du climat du Moyen Âge à nos jours:* entretiens avec Anpuchka Vasak. Paris: Fayard, 2007.

LANGLOIS, Charles-Victor; SEIGNOBOS, Charles. *Introdução aos estudos históricos*. Curitiba: Patalolivros, 2017 [1898].

LAVILLE, Christian. A guerra das narrativas: debates e ilusões em torno do ensino de História. *Revista Brasileira de História*, v. 19, n. 38, pp. 125-38, 1999. Disponível em: <http://www.scielo.br/scielo.php?script=sci_arttext&pid=S0102-01881999000200006>. Acesso em: dez. 2019.

LE GOFF, Jacques. Documento/Monumento. *Enciclopédia Einaudi*. Lisboa: Imprensa Nacional, Casa da Moeda, 1984, 1977. v. 1 Memória-História, pp. 95-106.

MANGSET, Marte; PICARD, Emmanuelle. Qu'est-ce qu'être historien aujourd'hui? Permanence de et mutations d'une communauté académique. In: GRANGER, Christophe (dir.). *À quoi pensent les historiens?* Faire l'histoire au XXI. Paris: Éditions Autrement, 2012.

MARTINS, Estevão de Rezende (org.). *A História pensada*: teoria e método na historiografia europeia do século XIX. São Paulo: Contexto, 2015.

MONOD, Gabriel; FAGNIEZ, Gustave. Avant-propos. *Revue Historique*, t. 1, n. 1, pp. 1-4, jan. 1876. Disponível em: <https://gallica.bnf.fr/ark:/12148/bpt6k180917?rk=64378;0>. Acesso em: abr. 2020.

MONTEIRO, John Manuel. *Negros da terra*: índios e bandeirantes nas origens de São Paulo. São Paulo: Companhia das Letras, 1994.

PERROT, Michelle. *Os excluídos da história*: operários, mulheres e prisioneiros. Rio de Janeiro: Paz e Terra, 1988. (Coleção Oficinas da História). Edição brasileira de artigos publicados em revistas francesas entre 1975-1981.

PINSKY, Carla Bassanezi (org.). *Fontes históricas*. São Paulo: Contexto, 2005.

―――; LUCA, Tania Regina de (orgs.). *O historiador e suas fontes*. São Paulo: Contexto, 2009.
―――; PEDRO, Joana Maria (orgs.). *Nova história das mulheres*. São Paulo: Contexto, 2012.
POLLAK, Michael. Memória, esquecimento, silêncio. *Estudos Históricos*, v. 2. n. l, pp. 3-15, 1989. Disponível em: <http://bibliotecadigital.fgv.br/ojs/index.php/reh/article/view/2278/1417>. Acesso em: abr. 2020.
PROST, Antoine. Social e cultural indissociavelmente. In: RIOUX, Jean-Pierre; SIRINELLI, Jean-François. *Para uma história cultural*. Lisboa: Estampa, 1998, pp. 123-37.
―――. *Doze lições sobre a história*. Belo Horizonte: Autêntica, 2008 [1996]. (Coleção História & Historiografia).
RÉMOND, René. Uma história presente. In: RÉMOND, René (org.). *Por uma história política*. Rio de Janeiro: Editora UFRJ, 1996 [1988].
REVEL, Jacques. Apresentação. In: REVEL, Jacques (org.). *Jogos de escala*: a experiência da microanálise. Rio de Janeiro: FGV, 1998 [1996].
SILVA, Kalina Vanderlei; SILVA, Maciel Henrique (orgs.). *Dicionário de conceitos históricos*. São Paulo: Contexto, 2005.
SILVA, Rénan. *Lugar de dúvida*: sobre a prática da análise histórica – breviário de inseguranças. Belo Horizonte: Autêntica, 2015 [2014]. (Coleção História & Historiografia).
TÉTART, Philippe. *Pequena história dos historiadores*. Bauru: Edusc, 2000 [1988].
THOMPSON, Edward Palmer. *A formação da classe operária inglesa*: a árvore da liberdade. Rio de Janeiro: Paz e Terra, 1987 [1963], v. 1. (Coleção Oficinas da História).
―――. A história vista de baixo. In: NEGRO, Antonio Luigi; SILVA, Sérgio (orgs.). *As peculiaridades dos ingleses e outros artigos*. Campinas: Unicamp, 2001. Edição brasileira de artigos publicados entre 1966 e 1978.

Sites citados

Associação Brasileira de Normas Técnicas (ABNT): <https://normas-abnt.espm.br/index.php?title=Normas_para_Apresenta%C3%A7%C3%A3o_de_Trabalhos_Acad%C3%AAmicos>.
Conselho Nacional de Desenvolvimento Científico e Tecnológico (CNPq). Plataforma Lattes: <http://lattes.cnpq.br/>.
Coordenação de Aperfeiçoamento de Pessoal de Nível Superior (Capes). Portal de Periódicos: <http://www.periodicos.capes.gov.br/>.
Coordenação de Aperfeiçoamento de Pessoal de Nível Superior (Capes). Catálogo de teses e dissertações: <https://catalogodeteses.capes.gov.br/catalogo-teses/#!/>.
Coordenação de Aperfeiçoamento de Pessoal de Nível Superior (Capes). Qualis: <https://sucupira.capes.gov.br/sucupira/public/consultas/coleta/veiculoPublicacaoQualis/listaConsultaGeralPeriodicos.jsf>.
Hemeroteca Digital da Biblioteca Nacional: <https://bndigital.bn.gov.br/hemeroteca-digital/>.
História da historiografia: <https://www.historiadahistoriografia.com.br/revista>.
Lei 8.159, de 8/1/1991, que dispõe sobre a política nacional de arquivos públicos e privados e instituiu o Conselho Nacional de Arquivos (Conarq): <http://www.planalto.gov.br/ccivil_03/LEIS/L8159.htm>.
Scientific Electronic Library Online (Scielo): <https://www.scielo.org/>.

CADASTRE-SE
EM NOSSO SITE E FIQUE POR DENTRO DAS NOVIDADES
www.editoracontexto.com.br

Livros nas áreas de:
Educação | Formação de professor | História | Geografia | Sociologia | Comunicação | Língua Portuguesa | Interesse geral | Romance histórico

Siga a Contexto nas Redes Sociais:
www.editoracontexto.com.br/redes

GRÁFICA PAYM
Tel. [11] 4392-3344
paym@graficapaym.com.br